Un monde de fous !

La collection *Le 1 en livre*
est dirigée par Éric Fottorino

Ces textes ont pour partie été publiés par *Le 1*.
www.le1hebdo.fr

www.editionsdelaube.com

ISBN 978-2-8159-3906-5

Philippe Claudel

Un monde de fous !

éditions de l'aube

Avant-propos

Lire Philippe Claudel ne laisse jamais indemne. L'écriture vous attrape, vous accroche, une atmosphère s'installe, d'abord familière, enfin c'est ce que vous croyez, puis elle vous plonge dans un bain d'inconfort. Une étrangeté vous saisit. Les mots se retournent, se dressent, mordent. Vous voilà mal à l'aise. C'est de la fiction ? Oui, assurément. Mais si vraie que vous en restez le souffle court, cœur battant. L'auteur des *Âmes grises** n'écrit pas pour faire joli. Même si ses textes sont d'une

* Philippe Claudel, *Les âmes grises*, Paris, Stock, 2003.

grande beauté, âpres à souhait, pour entrer au plus profond de nous. De nous en pire, parfois. De notre humanité souffrante, blessée, révoltée souvent, ou écrasée sous le poids d'institutions destructrices : le monde du travail – et maintenant du télétravail –, la justice, la prison. On fait de drôles de rencontres chez Claudel. Parfois des mauvaises, y compris dans notre voisinage proche (« Le voisin »). Il y a des types au bout du rouleau à force de boulot abrutissant (« Boulon précaire »). Il y a des Dupont-la-Joie comme ces spectateurs de drôles de baignades sur une plage que tentent d'atteindre, au péril de leur vie, des migrants décrits de loin comme des débris (« Baignade interdite »). Il y a des juges qui condamnent un homme pour avoir regardé une femme (« Eyes Wide Shut »). Il y a ce smicard qui dit : « Bien sûr qu'on peut vivre [avec le smic]. Mais tout dépend de ce que vous appelez vivre. »

Ordonnés selon les souhaits de l'auteur, certains inédits, la plupart parus dans *Le 1* et dans *Zadig*, ces textes finissent par composer le portrait intime et décapant de notre époque. Pas d'idées générales, surtout pas. Des gens, des situations, des silences et des colères, des indignations. Du vivant qu'on sent palpiter, et qui nous interpelle. C'est dans ce *Monde de fous* que Philippe Claudel nous invite à pénétrer. On y entre sur la pointe des pieds, pour ne pas déranger, et c'est lui qui nous dérange. Voilà bien une définition de la littérature. Accepter d'être bousculé par des émeutes de mots. Maintenant entrez. Et ne fermez pas la porte. D'autres vous suivent.

Éric Fottorino
Directeur de l'hebdomadaire *Le 1*

Boulon précaire*

L'homme est à tordre. À fragmenter. À rompre. À morceler. À vendre, bien sûr. Depuis longtemps. Lui seul l'ignore. Cela aide de ne pas savoir. S'aveugler fait vivre. Durer. Homme-chose. Homme-objet. Matière humaine. Matière première. Matière secondaire. Énergie consommable. Renouvelable. Je loue des hommes. Je les achète. Je les revends. Je les solde. Je les déclasse. Je les jette. Je les déstocke. Je les entasse. Je les sous-traite. Je les recycle. Je les concasse. Je les broie. Suie. Poussière. Farine. Je n'ai pas à les

* *Le 1* n° 45, « La France des CDD », 25 février 2015.

soigner. Je n'ai pas à les cajoler. Il y en aura d'autres. Il y en a toujours d'autres. Des plus affamés. Des plus impliqués. Des plus motivés. Des plus jeunes. Des plus solides. Prêts à marcher sur d'autres hommes. Prêts à les piétiner. Prêts à les détruire pour caresser à leur tour un peu le soleil, le temps que d'autres exigent aussi leur part de lumière. Lorsqu'ils se brisent, je les change. Je ne cherche plus à les réparer. Réparer les hommes coûte cher. C'est ennuyeux. C'est fatigant. Ce n'est pas très rentable. Ils tombent vite de nouveau en panne. Ils s'habituent à leurs traitements, en désirent de nouveaux, découvrent la condition d'assisté, réclament comme un droit cette qualité. Comme si on devait quelque chose aux hommes.

Et puis, de toute façon, l'homme vieillit. C'est dans sa nature. Il vieillit vite. Trop vite. Il se fatigue, se courbe, se voûte, ralentit son rythme. Sa force physique décline. Son cerveau s'ankylose, se sclérose, dégénère. Son intelligence se grippe. L'homme est décevant. Il ne vaut pas la peine qu'on lui consacre. De la confiture aux cochons. L'homme ne résiste pas au temps. Il ne résiste à rien. Il n'est pas fait pour être résistant. Il est opérationnel quelques années, une ou deux décennies dans le meilleur des cas. Pas davantage. On prend la peine de le former, mais à peine est-il formé qu'il commence à se déformer. Misère. Manque de fiabilité et de reconnaissance. Vice de fabrication.

À qui me plaindre ? Alors quoi ? Je regarde. Je constate. Je ne suis ni bon ni mauvais. Ce n'est pas moi le responsable. J'ajuste. J'adapte. C'est tout. Je règle quelques rouages. J'équilibre. J'exploite, mais j'écoute les désirs. J'essaie de les satisfaire. L'homme est un être de désir. Il désire les choses. Il les désire vite. Le plus vite possible. Rien ne va assez vite pour lui. Jamais. Être de lenteur, de lenteur de pensée, de lenteur d'exécution, d'impossibilité à durer, l'homme a le culte de la vitesse. Tout. Tout de suite. Posséder. Consommer. Se lasser. Aspirer au nouveau. Au neuf. Au dépassement de l'objet à peine acquis. La vie à flux tendu. Absence de stocks. Le désir doit être contentée immédiatement. Homme-enfant. Capricieux. Trépignant. Ne comprenant pas que pour le satisfaire par cette ronde incessante, il me faut l'inclure dans cette ronde. Faire de lui aussi un produit qui se périme, qui se dépasse, dont on se lasse. Qui n'est plus opérant. L'homme ne mérite aucun investissement à long terme. L'homme n'est pas un but. L'homme n'est pas sa propre finalité. L'homme n'est qu'un moyen, un outil, interchangeable, modulable, ébréchable, remplaçable. Monde-Meccano. Homme-petit-rouage. Vis simple. Boulon précaire. L'homme est un boulon qui prie pour durer. Qui prie quand ça l'arrange. Quand ça l'arrange seulement. Qui se plaît à jeter ce dont il se lasse, mais qui voudrait qu'on le garde, lui, le plus longtemps possible. Qui enfante un univers de vitesse, de dépassement, d'obsolescence et d'accélération, et qui exige pour lui seul de rester immobile dans le courant du fleuve. À se nicher. À pleurnicher.

Le monde qui a enfanté l'homme-matière n'est que le nôtre. Nous l'avons créé à notre image, selon nos désirs et nos besoins. Monde-boomerang qui nous revient en pleine figure et nous blesse sans nous anéantir. On nous rêve flexibles tout en nous promettant que notre sécurité n'en pâtira pas. On se propose de nous tordre mais sans que nous nous brisions. Nous oublions notre chair et devenons pâte à modeler, docile et molle entre les mâchoires d'un système dont nous avons assuré le propre dérèglement.

Nous vivons de formidables temps d'expérience. Après avoir mis quelques milliers d'années à découvrir la terre et les étoiles, nous n'avons de cesse de tester nos limites. Au XXe siècle, il ne fut plus question d'être, mais d'avoir. La finalité de la possession remplaça le rêve du bonheur. Comme la consommation passe par le renouvellement accéléré des possessions et des possédants, la guerre, en ce sens, ne fut plus à lire comme un phénomène géographico-diplomatique dans lequel certains ego de peuples et de leaders pouvaient s'exacerber et jouir, mais comme le dernier stade d'un processus consumériste visant à trouver une solution à une forme de stagnation des marchés. Exterminer devint un simple rouage du capitalisme. Table rase. Nouvelles clientèles. Tout perdre pour tout produire, tout vendre, tout posséder de nouveau. Le XXIe siècle propose un autre type d'extermination, non plus massive et extérieure, mais individuelle et intérieure.

Nous avons soldé Dieu, pendu au clou les idéologies, remisé l'idée de nation, de contrat et de projet social dans des arrière-boutiques poussiéreuses dont nous paraissons désormais avoir honte. Nous sommes nus, exposés aux météores, aux révoltes d'une planète que nous avons malmenée, parvenus tout au bout d'une fragile planche d'un modèle économique que nous entreprenons de scier avec nos canifs. Ne reste plus qu'à nous malmener davantage. En inventant de nouveaux carcans, de nouvelles règles, en découpant ce qui est uni, en déstabilisant ce qui était sûr, en élimant ce qui était solide, en préférant le mirage au réel, en laissant l'argent et ses serviteurs continuer à dérégler les affaires du monde et dissoudre nos rêves dans le bain acide des profits. Expérience-limite. Expérience de nos limites. Hommes précaires, avant que de devenir hommes solubles. Friables. Rabotés. Poncés. Effaçables et effacés.

Paroles*

C'est pas aujourd'hui qui m'inquiète. Aujourd'hui, je m'en sors. Enfin, c'est pas simple quand même. Non, ce qui m'inquiète, c'est demain. Quand je serai à la retraite. J'ai déjà pas grand-chose, mais à la retraite, j'aurai encore moins. Alors là. En plus, avec l'âge, tous les problèmes qui arrivent, la santé, et tout. Je ne sais pas comment je ferai. Ça me fait peur. Je préfère ne pas y penser. Vous me direz, il y a tellement de malheureux dans le monde.

---

* *Le 1* n° 169, « Vivre avec le Smic », 13 septembre 2017.

*

Vous croyez que j'ai le choix ?

*

Vous savez ce que ça veut dire, Smic ? Salaire de Merde Imposé aux Couillons. Et moi j'en fais partie, des couillons. Ça vous va comme réponse ?

*

Quand vous vous dites, voilà, je viens de faire une heure de travail. Et pas une heure facile. Une heure de travail pénible, quand vous êtes dans mon secteur. Donc, vous vous dites, j'ai fait une heure. Vous avez déjà mal aux épaules, ça vous lance dans les côtes. Vous commencez à le sentir ce corps, vous n'êtes plus tout jeune. Quarante-six ans, c'est plus tout jeune. Vous avez fait une heure, et qu'est-ce que vous tenez dans votre main, même pas huit euros. Quelques pièces, quoi. Quatre pièces de deux. J'ai l'impression que je retourne en enfance quand je pense à ça, quand ma grand-mère déposait des pièces dans ma paume quand j'étais allé lui faire une course. J'avais l'impression que c'était une fortune. Je courais acheter des bonbons. Mais là, aujourd'hui, après mon heure de travail, qu'est-ce que je peux acheter avec mes huit euros ?

*

De toute façon, vous trouverez toujours des gens qui ne sont pas contents. Vous en connaissez, vous, des gens qui diront qu'ils sont assez payés ? Moi pas. Tout le monde veut toujours plus. Même ceux qui roulent sur l'or. Surtout ceux-là, d'ailleurs. On se demande ce qu'ils en font, de leur fric. Peut-être qu'ils le bouffent. Il faudrait analyser leur merde pour savoir. En ce qui me concerne, je fais avec. Je suis déjà bien contente d'avoir ça. Je compte. À l'école, j'étais nulle en calcul. Maintenant, je suis une championne. Bien obligée. J'en passe du temps, à faire des additions, des soustractions. Des soirées entières, des fois.

Ça m'angoisse et ça me calme à la fois. C'est bizarre. Je suis toute contente quand à la fin de mes comptes je vois que ça va aller. Je suis pas exigeante : ce qui serait bien, ce serait disons deux cents euros de plus par mois. Deux cents euros, c'est pas la lune, mais pour moi ce serait le Pérou.

*

Je n'ai pas envie de vous répondre.

*

Je ne sais pas qui décide du Smic. Sans doute pas des gens qui sont payés au Smic. Ça doit être des types dans un bureau à Paris, qui se mettent autour d'une table et qui disent « Six euros trente-deux, c'est vraiment trop peu, mais neuf euros quatre-vingt-sept, là, c'est beaucoup trop, beaucoup beaucoup trop ». Alors il y en a un autre qui lance : « Et huit euros quatre, ou trois, qu'est-ce que vous en pensez ? » Là, tous ils le regardent. Il y en a un qui dit qu'avec ça ils vont dans la bonne direction.

Ils parlotent encore pendant des heures et puis finalement ils se mettent d'accord sur sept euros cinquante-deux. Ils sont tous contents. Ils se congratulent. « On y est arrivé ! Sept euros cinquante-deux, c'est formidable ! Allons déjeuner maintenant ! » Et ils vont dans un restau dans lequel avec sept euros cinquante-deux, tu n'as même pas une demi-entrée. Je vois ça comme ça. J'aime bien me faire des films.

*

La vraie question, c'est pas « Est-ce qu'on peut vivre avec le Smic ? », c'est pourquoi ça pète pas. Pourquoi tous ceux qui ne peuvent pas joindre les deux bouts ne sortent pas dans la rue pour tout casser ?

*

Je vais vous dire une chose. C'est pas tout à fait une réponse à votre question, mais quand même : la France qui se lève tôt, c'est aussi celle qui meurt tôt.

Au final, elle coûte très peu cher, cette France-là, en salaires et en retraites. Vous m'avez compris ?

*

Quelquefois, quand j'ai tout payé, il me reste cinquante ou soixante euros. Je les mets de côté. Pas cette année parce que je n'ai pas encore assez, mais l'an prochain, si ça va, ça pourra faire une semaine de vacances. Je n'ai jamais vu l'océan. J'aimerais bien.

*

C'est pas un salaire. C'est un kit complet : muselière et chaîne. C'est pas assez pour vivre, mais c'est trop pour se révolter. Les mecs, dans le temps, dans les révolutions, ils n'avaient rien à perdre : soit ils crevaient sur les barricades, soit ils crevaient de faim dans la rue. C'était du pareil au même. Alors ils y allaient, et au moins ils se défoulaient. Aujourd'hui, chacun a quelque chose à perdre, même si c'est pas grand-chose. Et puis quand tu as le Smic, c'est que t'as du taf. Beaucoup n'en ont pas. Et si t'as le Smic, tu passes pour un Bill Gates pour un mec qui a le RSA, et celui qui touche le RSA il est regardé comme un privilégié par celui qui est à la rue. Donc, ce qui ne se dit pas mais qu'on entend, c'est : « Quand vous avez la chance d'avoir mille deux cents euros par mois, qu'est-ce que vous nous faites chier à pleurnicher que c'est pas assez ? Vous devriez au contraire remercier, courber bien le dos, écarter encore plus les fesses pour vous faire bien enculer par ceux qui profitent de vous. » Voilà comment ça marche.

*

Et vous, vous pourriez ? Vous ne voulez pas essayer, pour voir comment ça fait ? Non ? Alors arrêtez de nous emmerder et de nous regarder comme des bêtes curieuses !

*

Je fonctionne comme les vieux. J'avais vu ma logeuse faire ça. Je me moquais d'elle, à l'époque. Elle se faisait des enveloppes qui correspondaient à ses dépenses. Elle répartissait sa petite pension en liquide dedans. Chaque mois. Je fais pareil. Je retire tout à la banque quand le salaire est viré. Je mets les billets dans les enveloppes, « nourriture », « transports », « loyer », « vêtements », etc. Comme ça, je vois. Je vois que ça file. Et quand il n'y a plus rien, il n'y a plus rien. C'est ça, la réalité.

*

Bien sûr qu'on peut vivre. Mais tout dépend de ce que vous appelez vivre.

*

Vous imaginez combien de pains au chocolat version Jean-François Copé ça fait un Smic ? Plus de huit mille ! C'est pas le bonheur ça ? Ah, on peut s'en faire péter la panse ! Bon, d'un autre côté, avec un Smic, on a juste les moyens d'acheter une jambe de pantalon d'un costume offert à Fillon, ou une petite séance de maquillage façon Macron, ou encore à peine deux heures en business class à côté de Mélenchon, qui se vante de ne voyager que comme ça, avant qu'on vous jette de l'avion. Alors c'est sûr, vu comme ça, ça calme !

*

J'ai toujours une drôle d'impression. Au début du mois, c'est comme si je marchais sur du plat. Tout va bien, mais à mesure que les jours passent, le sol se met en pente. Ça monte. Après le 15, je commence à avoir du mal à avancer. Après le 20, c'est de plus en plus raide. Et vers le 25, 26, je m'agrippe. C'est devenu une paroi. Je m'accroche comme les gens qui font de la montagne. J'ai peur de tomber. Je sens que je vais tomber, m'écraser tout en bas. Et puis le 30 ou le 31 arrive. La paie est virée. Tout redevient plat. Je souffle. Et c'est reparti. Ça recommence. Ça fait des années que ça dure. Il me reste encore des années. Avec la même chose. La même angoisse. J'en ai parlé un jour à mon médecin.

*

Elle est indécente votre question.

Papa télétravaille !*

— Papa, quand est-ce que tu viens jouer ?

— *Sorry, Mister Jong, two seconds please…* Papa travaille, ma *pitchoune*. Il ne faut pas le déranger.

— Mais tu travailles pas puisque tu es à l'appartement !

— Je télétravaille.

— Mais c'est pas vrai ! Tu regardes pas la télé !

— Poussin ! Poussin ! Tu veux bien venir t'occuper de la petite ?

— Qu'est-ce que tu dis ?

---

* *Le 1* n° 297, « Le télétravail, c'est la santé ? », 20 mai 2020.

— Tu ne veux pas prendre Ninon ? Elle ne comprend pas que je travaille. Je suis avec les Coréens, et c'est un peu chaud.

— Viens, ma chérie, laisse papa travailler.

— Merci, mon amour. *Mister Jong, are you still here ?*

— Au fait…

— Au fait quoi ?

— Tu en as pour longtemps ? parce que j'aurais voulu faire un gratin et lancer une machine.

— Je t'ai dit que j'étais avec les Coréens ! *Yes, Mister Jong Su, I'm listening to you.*

— Ah les Coréens. Et je dis quoi à ta mère pour ce soir ?

— *Sorry. Two seconds. Just two, Mister Jong !* Je ne sais pas ! Laisse-moi, tu veux ?

— Oui, oui. Ton téléphone !

— Quoi, mon téléphone ?

— Regarde, il vibre. Oh, c'est Dany. Ben, réponds !

— Non ! Réponds, toi. *Mister Jong Su ? Thank you for your patience ! As I said to you few minutes ago, it will be a great opportunity to… What ?*

— Salut, Dany. Non, Paul ne peut pas te parler, il télétravaille… Si… Non, ce n'est pas une blague.

— *Yes sure, but…* Tu ne veux pas aller lui parler ailleurs, je suis avec les Coréens là !

— Il est avec les Coréens… Attends, je lui demande quand même : Dany voudrait savoir pour la maison cet été. On reprend la même que l'année dernière ?

— *I unterstood, Mister Jong. Two seconds please.* Mais je ne sais pas, moi ! Laissez-moi bosser !

— Bon, tu as entendu. Il n'est pas d'humeur. On se reparle. C'est ça. Oui. Bisous à Sophie.

— Bon, je peux avoir la paix maintenant ? Allô ? Allô ? *Mister Jong Su ? Mister Jong ?*

— Je te laisse.

— Merci ! *Yes ! Mister Jong, the communication is not very good today, maybe the fault of the coronavirus !*

— P'pa ?

— Dégage ! *Sorry ?… No ! No ! No ! It'was just a joke, a bad joke.*

— P'pa, je t'emmerde pas longtemps, promis !

— Putain, dégage ! *I don't have the coronavirus !*

— P'pa !!!

— Mais c'est pas possible*! Sorry again, Mister Jong, I ask you just only two seconds more!* Bordel ! Vous vous êtes donné le mot ou quoi ? Ta petite sœur, ta mère, maintenant c'est toi ! Je suis au bureau, là ! Je bosse ! Je suis avec les Coréens !!! Les Coréens !

— Mais t'es dans la cuisine ! Assis devant la machine à laver !

— Considère la cuisine comme mon bureau désormais !

— Et puis t'es en caleçon et en tee-shirt pourri !

— Mais je ne fais pas un Skype avec les Coréens !! C'est juste audio ! Fous-moi la paix !

— *Cool, Dad!* Je voulais juste te demander si c'est toi qui as rangé mon skate ?

— Mais je me fous de ton skate ! J'en sais rien, moi ! Lâche-moi !

— Putain, détends-toi ! Tu devrais fumer un petit pétard ! Ça te vaut rien d'être à l'appart !

— *Yes!!! Mister Jong! So, we can talk now! The line is good! I wanted to tell you that our company is not a...* Quoi encore, bordel ?

— Ta mère. C'est ta mère.

— Mais quoi, ma mère !!!!

— Ben, elle est là.

— Où, là ???

— Là. Ici.

— *Two seconds, Mister Jong. Just two seconds ! I promise.*

— Coucou, mon chéri. C'est maman, je passais dans votre rue en allant chez le médecin et je me suis dit que je ne pouvais pas ne pas monter vous embrasser.

— Mais maman ! Je travaille ! Je travaille !

— Dans ta cuisine ? À moitié nu ?

— C'est pas possible ! C'est un gag ! Je suis avec les Coréens, maman ! Les Coréens !

— Les Coréens ? Ils sont où, les Coréens ? Dans le placard ?

— Mais non ! Ils sont là ! Dans mes oreilles !

— Je vais vous expliquer, Granny. Venez. Paul télétravaille.

— Télé quoi ? Qu'est-ce qu'il a posé sur la machine à laver ?

— Son ordinateur. Il télétravaille.

— C'est un peu comme la télépathie ?

— Presque. Venez, Granny, laissons-le.

— *Mister Jong ? Mister Jong ? Are you here ? Mister Jong… ? I apologize ! Mister Jong ?* C'est pas vrai, il est passé où ?

— Je suis sûr que c'est toi qui as planqué mon skate !

— Tu vas me faire chier longtemps avec ton skate ? Dégage, Ludo ! Tu dégages ou je te réduis en sushi !

— Ah, c'est avec des Japonais que tu es ? Je croyais que c'était avec des Coréens ?

— Mais tu vas fermer ta gueule !

— Oh putain ! Tu me parles pas comme ça !

— Je suis ton père ! Je te parle comme je veux ! Tu m'entends, comme je veux !

— Eh ben, *fuck you, dad ! Fuck you !*

— Toi, *fuck you !* Et *fuck you* même *very deeply ! Fuck you ! Motherfucker !!! Son of a bitch* ! C'est ça ! Dégage !… *Mister Jong ? Are you still here ? Perfect !*

The connexion is great now I listen you very clearly !... What ?... I beg you pardon ! Ahh, no, no, Mister Jong ! It's terrible mistake ! It was not against you, Mister Jong ! You are not a motherfucker ! Not a son of a bitch ! Not at all ! It was for my son Ludo ! Ludovic, Mister Jong ? Terrible teenage, you know that ? You have probably children ?... Mister Jong ?... Allô, *Mister Jong... ? Mister Jong ?...* Putain, il a raccroché, ce con !!!!

— Papa... ?

— Ninon ! Tu me fais chier ! Laisse-moi ! Papa télétravaille !

Caler contre*

Caler contre
Les cals
Durs
Croûte cuite
Recuite
Crasse crisse
Calais sur les coudes
Parkas collées
Culs pas lavés
Accroche
Calais aux grilles
Cris
Calais
Pas compris
Cris âcres étouffés

---

* 2015.

Crade
UK corps
Crevé
Cou cassé carrément
UK
Calais
Sans arrêt
Sans cran d'arrêt
Calais
La mer là tout près
Claque eau grise
Lavabo
Chiotte
Vaisselles
UK
Sel qui
Colle
Bouffer
Crever
Papiers
Pas
Papiers
Marcher encore
Long large et travers
Claque les vagues
Des baffes

Coups
Boule au ventre
Poils
Europe
Cheveux
Calais
Boue
Poux
UK
Bouffer
Froid
Chaud
Pas chaud
Voisins
Migrants
Singe
Jungle
Animaux
Exotiques sous le ciel trempé
Langues comprendre
Langues de la main
Compter
Coups
Caresse
Ce qu'on trouve
Ce qu'on a à pleurer

Pisser
UK
Calais
Pas parler
Pas
Papier
Pas
Pays
UK
Vouloir aller
Pas
France
Pas
Calais
Rien à foutre France
Calais
Vouloir
UK
Articule
Ici non
Là-bas
Aller là-bas
UK
Mâcher
Cracher la nuit
La pluie

Caler contre

Le froid
Dégage
Les lèvres bleues blanches rouges
UK
Ferry
Songer bateau
Rêve
Camion
Bateau
Mer
Froid
UK
Mourir
Noyé écrasé concassé
Calais étouffé asphyxié humilié
Entrer dans la boue
Dans la terre
Disparaître dans la
Pluie dans les gouttes de pluie
Passer pas
Passer
Police
Payer
UK
Calais
Crever

Baignade interdite*

On peut s'asseoir à côté de vous ? Je vous en prie. Qu'est-ce que vous faites ? On attend. Vous attendez quoi ? Les migrants. Les migrants ? Oui. Des oiseaux ? Non. Des femmes. Des hommes. Des enfants. Ah ? Et ils viennent d'où ? De là-bas. On ne voit rien. Là-bas. En face. Loin. Vraiment loin ? Aucune idée. De l'autre côté en tout cas. Ils arrivent quand ? Ils n'ont pas d'horaires. C'est embêtant. Assez. Vous restez là des heures ? Des heures. Sans savoir ? Sans savoir. Quelquefois on perd notre temps. Aucun n'apparaît. Dommage. Mais

---

* 10 octobre 2015.

c'est rare. Curieux, ce manque d'organisation de nos jours. Oui. Et ils viennent faire quoi ? Ils fuient. Ils fuient quoi ? La guerre. La faim. La misère. Des choses comme ça. Classique. Oui. Classique. Pourquoi venir ici ? Je veux dire spécialement ici ? Sans doute pensent-ils que c'est mieux que là-bas. Les pauvres. Comme vous dites. Et quand vous en apercevez, qu'est-ce que vous faites ? Rien. Rien ? Qu'est-ce que vous voulez qu'on fasse ? Il y en a tellement. On ne peut pas les aider tous. Alors pourquoi aider les uns et pas les autres ? Ce ne serait pas juste. Autant n'aider personne. Par souci d'équité. Et puis ma femme ne sait pas nager. Et moi je ne suis pas un as non plus. Et eux ils savent ? Qui ? Les migrants. Savent quoi ? Nager ? Pas vraiment. Ils flottent plus qu'ils ne nagent. Et quand ils flottent, ils sont souvent bleus et raides. Assez morts en somme ? Bien morts même. Pas très ragoûtant quand on pense que c'est une plage. Oui. Où des gens se baignent l'été. Pas ici. Pourquoi ? Vous n'avez pas vu le panneau : Baignade interdite.

C'est très dangereux. Il y a des courants. Ils ne le savent pas ? Comment voulez-vous qu'ils le sachent ? Il y a le panneau. On ne peut le voir que de la plage. En effet. Et si on le tournait vers eux ? C'est-à-dire ? Vers le large. Vous pouvez toujours essayer. Vous n'avez pas l'air convaincu ? Il faudrait déjà qu'ils sachent lire. Ils ne savent pas ? Aucune idée. Ils nous ressemblent ? Pas tout à fait. Comment ça pas tout à fait ? Ils sont plus maigres. Et puis ils ont des yeux. Des yeux ? Des yeux différents. Intenses. Fiévreux. Tourmentés. Un peu fous. Ils sont fous ? Non. Enfin si. Pour entreprendre une pareille traversée. Tout de même. Oui. Ce qui est beau, c'est de les voir apparaître à l'horizon. Debout. Tous. Sur de maigres embarcations. Serrés les uns contre les autres. On dirait qu'ils marchent sur l'eau. Comme le Christ. Le bateau disparaît sous leur poids. Il est toujours à deux doigts de couler. Et il coule ? Parfois oui. Parfois non. Pas toujours. Quand ça coule, ça coule vite. La mer les avale comme une grande bouche. Et puis plus rien. Ne restent plus que les vagues. Un peu frustrant ? Je ne dirais pas cela. C'est un autre spectacle. Certains abordent ? Certains. Vous leur parlez ? Non. Pourquoi ? Pourquoi on leur parlerait ? On n'en connaît aucun. Et puis il y a la barrière de la langue. On ne parle pas leur langue et eux ne parlent pas la nôtre. Vous leur avez demandé ? Non, mais ça se voit. De toute façon ils claquent tellement des dents qu'ils seraient incapables d'articuler un seul mot. Et ce qu'ils veulent, c'est manger, boire, dormir sous un toit, pas commencer une conversation. Vous leur donnez cela ? Non. C'est petit chez nous. On ne roule pas sur l'or. La vie est chère, vous le savez bien. D'ailleurs, s'ils avaient une idée du coût de la vie ici, ils ne viendraient jamais. Mais une fois qu'ils sont là, ils y restent. Ils ne partent plus. Ils le voudraient ? On ne sait pas. Et qu'est-ce que vous faites alors, après ? Après quoi ? Après les avoir vus. On rentre. Vous rentrez, comme ça ? Oui, on rentre. C'est tout ? C'est tout. Mais pourquoi vous venez ici alors ? Pour passer le temps. Pour les voir en vrai. À la télévision c'est différent. Ils paraissent plus grands. Alors qu'en vérité ils sont tout petits. Et puis ils font moins peur en vrai. On repart rassurés. Quand on ne sait pas, on se fait des idées. En les voyant, on constate qu'ils sont totalement inoffensifs. Tenez. En parlant du loup. Vous voyez là-bas ? Où ? Là-bas, au bout de mon doigt. Non je ne vois rien. Mais si, là-bas, suivez mon doigt, tout au bout de mon doigt, vers l'ongle, en haut de la grande vague. Les débris de bois ? Ce ne sont pas des débris. Vous en êtes sûr ? Certain. Faites-moi confiance. Je commence à avoir l'habitude. Ce sont des migrants. Ça, des migrants ? Des migrants. Je les aurais cru plus grands. Qu'est-ce que je vous avais dit ? Et ils vont accoster ? S'ils ne coulent pas, oui. Vous pensez qu'ils peuvent couler ? Il y a des chances. Vous avez vu la mer ? Non. Elle se forme. Se forme ? Elle grossit. Les vagues. Elles se creusent. Pas bon. Pas bon du tout. On va peut-être rentrer d'ailleurs. Regardez le ciel. Tous ces nuages. Pas envie de nous faire tremper. Vous n'attendez pas de savoir s'ils vont couler ou atteindre le rivage ? Non. Le suspense n'est pas de taille. Et on en a assez vu pour aujourd'hui. On reviendra demain. Demain ? Il y en aura d'autres. Ne vous tracassez pas. Vous croyez ? Garanti. Alors bonne soirée. Bonne soirée. À demain, si vous permettez ? Ne vous gênez pas : la plage est à tout le monde.

Roya*

Rayer la roche
Roya
Du tranchant de la main
L'ouvrir d'un coup net
Poudre à fusil canon de chair pierre
Foutre l'immense barre à mine là
Le pied de biche
Casser passer concasser ouvrir
Les écluses de la géologie
Jeter au diable les couronnes les princes
Les traités les mariages
Les sceaux de cire les pays les peuples encagés auxquels
On coud les lèvres et les pieds

---

* Février 2017.

Les valets les rampants
Léchant tous les remparts les chemins droits
Les cartes
Les douaniers
Les imprimés
Les passeports
Roya
Roya
Le cri qui roule sur tes cailloux et chante
Roya
Ne suit que ta pente naturelle
Ères inhumaines
Inchangées tranquilles et millénaires
Roya
Rayer la roche n'y pourra rien
Perdre barrer entraver condamner interdire
Roya rien ne se laisse faire
Écoute ta roche elle sait
Et le vent qui porte l'aisselle du peuple qui
s'emporte
Qui s'abîme
Roya
En toi place sa confiance et sa route
L'homme sa vie brève qui s'écoule
Dans le petit lit du monde
Torrent méandre calmes et chutes

Entre les pierres et les sables
Gués retenues chutes encore
Tranchant de la main qui forme ta vallée
Roya
Tout de sang et de sec
En tes maisons muettes
Tes églises barbouillées au rouge
Jusqu'à leur nef
Tes villages agrippés par leurs ongles seulement
Au-dessus du grand vide de la mort
Bateaux de désert dans le lait des étoiles
Pays roche
Roya
Éparse vallée âpre qui rabote celui qui s'y profile
Même les couchants là
Ont des airs de drame
Roya
Dure poussière coincée l'homme
À coups de marteau
Arpent par arpent
Prendre l'herbe le thym
Le lièvre de montagne la grive le vent
S'accroche et d'autres passent
Écoulement des eaux

Écroulement des royaumes
Lois sensibles des hommes
Contre lois des États besogneusement écrites
Le roc
Roya
Contre la brève pourriture des tribunaux
La parole millimètre qui sort de bouches
Bientôt mortes et nulles
Allée aller va
L'homme
Vallée sans barrière là
Est le creux de la terre où se repose et
Ici le vent pousse la vie
S'ouvrent les cœurs
Comme s'ouvrent grand les portes des granges
Le beau foin nouveau est ton sommeil
Roya
Royaume ici-bas du passe-vent
De l'être pointillé du mourant presque mort
Maudit le juge
Et son âme et son prince et son bras gras tranquille
Qui tient le maigre sceptre en bite d'étain
Le soleil le fera fondre

En tes heures chaudes et belles
Roya
Terminera sous le temps
Roya
Éternellement
Car le soleil ici comme un joueur de cartes
Compte ses atouts dépose en quelques heures
Sa lumière avec adresse
Parcimonie
Peu d'hommes l'enchantent et se font dignes
Peu d'hommes qu'ils soient loués
Aident d'autres hommes
Et méritent alors
Le nom d'homme
Ouvre-voie
Lapidaires
Courageux innommés
Les mots rangés au fond des poches et des gorges
Roya
Gestes brandis et retenus
Promis
Allez va
Roya

Continue
Allez va
Roya
Allez tiens tiens
Encule toutes les lois de ces patins de feutre
Des tièdes esprits au chaud de leurs fourrures
Risque-rien dorlotés
Dans leurs chambres douillettes des palais
d'injustice
Hermine souillée de merde
Qui colique sous elle
Palais présidentiel aux abonnés absents
Sénile jusqu'aux tympans
Loin de
Roya
Loin des hommes passant
Loin des frères errants
Roya
Repose au creux des belles nuits
De portes et de mains ouvertes
De soupes illuminant les yeux
De vent
De livres et de rires
Roya
Tu roules en ton manteau-vallée des rêves
à venir

Roya

Ton eau faible au creux des paumes
Ce sont les lendemains
Roya
Ton histoire et tes gens le sang rare de
 l'humain

Monuments
Eau
Mort*

On ne voyait rien de *La France*. Il fallait attendre que les yeux s'habituent à la blancheur extrême. Enfin les masques de verre fumé offerts aux visiteurs à l'entrée du site parvenaient à la rendre supportable. L'aveuglement s'estompait. Des formes naissaient du rien. On retrouvait, soulagés, ce qui semblait être la vue, dans la mince fissure des paupières que le soleil, étendu à l'immensité du ciel, forçait à garder plissées.

---

* Juillet 2012.

Le sable aussi. Et le vent. Tous deux, avec la lumière à son point de plus haute fusion, comme des démons jaillis des trois dimensions du monde, venaient tordre le visiteur qui s'était extrait quelques minutes auparavant, engourdi, des véhicules climatisés, et le boxer, claquant les voiles noirs qui recouvraient le corps et le visage des femmes et les vêtements de lin des hommes, constellant leurs longues barbes de milliers de cristaux qui y brillaient comme des braises blondes. Avec, piège autour de tout cela, mille marteaux de forge frappant l'air et le sol sans relâche : la chaleur. Sèche. Lave suffocante roulant dans les poumons.

La France paraissait et disparaissait, dans un mirage né des dilatations du sol et de l'atmosphère. Par moments, on ne distinguait d'elle que ses marges immédiates, socles de bronze, bras de plomb tendus, femmes de pierre éplorées caressant le front d'un enfant tout en lui désignant d'un doigt affligé des noms devenus illisibles sur une plaque à l'aspect de faux livre, baïonnettes de vieilles guerres défuntes.

Quand les vents s'apaisaient, au loin des dunes qui soudain surgissaient pour le visiteur à la façon d'un décor d'un art ancien et proscrit, cinéma, théâtre ou cirque, on pouvait pour de brefs instants apercevoir *La France* en son entier, fantôme que la morsure constante du désert rongeait de golfes et de redans crénelés, inquiétants comme des chicots pourris, recouvrant les monuments les plus marginaux, les enfouissant dans une sorte de digestion progressive comme si le désert se faisait fossoyeur, jetant des pelletées de sable sur les statues, les obélisques, les coqs en laiton, les drapeaux de zinc, les dégageant ensuite par le seul caprice d'une bourrasque.

Les visiteurs observaient l'amoncellement des monuments avant d'entrer dans la grande structure de verre édifiée sur le site et dans laquelle ils pouvaient, sous des brises artificiellement glacées, reposer leurs regards et désaltérer leurs lèvres avec du thé et des sorbets. Un parcours constitué d'hologrammes expliquait l'origine de l'œuvre d'art, *La France*, sous-titrée par son créateur : *Monuments Eau Mort*, jeu de mots intraduisible dans la langue des visiteurs et qu'il avait pour cela conservé en français.

Trois ans auparavant, l'artiste, ancien catholique anglican converti qui suivait désormais les préceptes de la Loi, avec l'appui de son mécène – une multinationale spécialisée dans la captation et la gestion des ressources hydrologiques –, avait prélevé, dans la totalité des villes et des villages de France, les sculptures appelées *monuments aux morts*, apparues pour les premières d'entre elles à la fin du XIXe siècle et qui commémoraient les victimes des guerres en rappelant leur sacrifice aux générations qui leur succédaient. Les monuments avaient été cédés sans difficulté, moyennant de maigres accords d'assistance humanitaire, par les municipalités fantoches d'un pays devenu, depuis la Quatrième Guerre mondiale (2026-2028), l'un des plus pauvres de la planète et dont le territoire ressemblait désormais à une peau aride parcourue seulement par quelques communautés errantes et faméliques qui se livraient au pillage, à la copulation et à l'assassinat.

La France s'étendait sur une superficie de cinq kilomètres carrés quarante-trois mille neuf cent quarante centimètres carrés. L'artiste avait disposé sur cette aire, qui épousait rigoureusement la forme hexagonale du pays éponyme, tous les monuments aux morts en les plaçant spatialement, ici, à l'endroit où ils s'étaient trouvés dans leur réalité géographique là-bas. L'œuvre se présentait ainsi comme un condensé au cent millième d'un pays, de sa surface, de sa forme, ainsi que d'une nation, de sa mémoire et de son histoire ancienne ou plus récente, celle des guerres qu'elle avait subies, provoquées, perdues ou gagnées, jusqu'à la dernière qui l'avait dévastée, la privant définitivement de sa dernière richesse monnayable : l'eau.

Grâce à des commentaires didactiques, le visiteur était invité à lire dans *La France* placée au milieu du désert, cœur ancestral des nouveaux pays dominants, la métaphore de la chute d'un pays anciennement puissant, obsédé tout à la fois par sa mémoire et son rayonnement perdu, sûr de sa suprématie, mais qui n'était plus aujourd'hui qu'un espace mort, rongé par le sable, le vent et la famine, pays de fantômes, d'ombres de marbre et de ferraille armées de fusils de granit, d'obus creux, précédées par le chant inaudible de coqs de plomb et le claquement muet d'étendards de cuivre.

La visite était brève. Les photographies, interdites. Le visiteur remontait dans les véhicules ventilés et s'en allait retrouver la fraîcheur de son hôtel, sous l'ombre géante de séquoias génétiquement modifiés implantés au cœur des oasis de synthèse. Le mugissement des moteurs s'éloignait. Le site retrouvait la plainte du vent, sa psalmodie qui naissait entre les figures de guerriers corrodées et les allégories de la Paix aux bras brandis, colombes en couronne sur le front de vierges, chaînes aux maillons carrés enserrant des aigles terrassés, urnes de grès rouge, arcs de triomphe dont un des piliers s'enfonçait dans le ventre sablonneux des dunes tandis que l'autre, posé sur le sommet sous-jacent d'un socle rocheux, tentait de se maintenir encore au plus haut de son inutile majesté.

La nuit tombait, couperet teinté de sang, sur *La France,* et chassait les restes du soleil comme des viscères rougis dans un seau de sciure. Le sable buvait les derniers rayons ras. Le vent cessait. Les dizaines de milliers de monuments aux morts devenaient invisibles, mais alors naissaient d'eux d'autres musiques : c'était des plaintes presque humaines, claquements, chocs, grincements hideux nés des métaux qui souvent les composaient, dilatés par la chaleur diurne et qui soudain se réfractaient sous la tenaille du froid tombé des étoiles. Un esprit rêveur aurait pu prendre cela pour le dernier cri d'un peuple résistant, rassemblé là comme des poupées de sorcellerie et qu'un Dieu ironique ou bienveillant s'amusait à faire une fois encore, et en l'absence de tout témoin, vivre et gémir un peu.

Mais il aurait eu tort, car seules les lois de la physique régissaient désormais ce monde mort.

Inquiétude et liberté*

Si l'idée de Dieu avait encore un sens, il serait légitime de se demander si notre époque n'est pas une sorte de *huitième jour* de la Genèse, durant lequel, après nous avoir laissé faire pendant son temps de repos, le Créateur se serait décidé à reprendre brutalement l'avantage en soumettant sa créature la plus orgueilleuse et la plus stupide à une expérience proche de celles imaginées en physique pour tester la résistance des matériaux : comment donc allons-nous nous comporter tandis qu'on nous

* *Le 1* n° 85, « Faut-il sacrifier nos libertés ? », 2 décembre 2015.

malmène de façon tout à la fois continue et diverse ?

On ne cesse aujourd'hui de s'inquiéter. Comme si l'inquiétude devenait la nature véritable de l'homme, notre sang et notre souffle, la marque de nos heures, l'occupation constante de nos esprits. L'intranquillité nous ronge, peu à peu, installant son périmètre d'inconfort jusque dans les anses jusque-là les plus préservées de nos existences. Depuis le tournant du millénaire, elle malmène la liberté à laquelle nous autres, citoyens de pays démocratiques, pensions naturellement avoir droit.

Cette inquiétude peut se lire comme une réponse à ces épreuves agressives concentrées sur un laps de temps très court – si on prend comme moment zéro le 11 septembre 2001. Il est à noter que l'inquiétude n'est en aucun cas la solution qui permettrait de dépasser ces épreuves. Elle en est simplement la résultante et donne une idée précise de notre inertie et de notre faiblesse. Elle est une fièvre provoquée par une maladie profonde que nous ne pouvons pas encore tout à fait analyser, et encore moins guérir.

Aujourd'hui où, à toutes ces épreuves connues, s'en sont ajoutées de nouvelles, tragiques, brutales et spectaculaires, se posent frontalement la question de la liberté ainsi que celle de l'inquiétude, et du rapport entre elles qui en découle :

– la question de la liberté, car la décision d'une mise en place de l'*état d'urgence*, dans le but de préserver la démocratie et le fonctionnement d'un État soucieux de garantir les idéaux dont il tire sa légitimité et son existence, fait dire à certains que nos libertés individuelles s'en trouvent malmenées, voire amoindries ;

– de l'inquiétude, car l'expression même qui désigne ce fonctionnement particulier et momentané de nos institutions contient en son noyau l'expression en creux d'une angoisse qui aurait subitement atteint un stade supérieur, celui de la peur, dont le prochain avatar serait l'effroi ;

– du rapport entre liberté et inquiétude, enfin, car à tous les motifs plus haut énumérés qui ont conduit à l'émergence d'une forme nouvelle de malaise existentiel, s'ajoute cette crainte de voir se restreindre le champ d'application de l'un des trois principes fondateurs de la démocratie républicaine rappelés sur tous les frontons de nos mairies ;

– du rapport entre liberté et inquiétude, toujours, car sommes-nous prêts aujourd'hui pour continuer à jouir d'une entière liberté de mouvement, de parole, d'expression, de manifestation, de circulation, à ne pas payer en contrepartie un écot à une terreur qui naîtrait de la disparition des contrôles et aux débordements de toute nature qui pourraient en résulter ?

Ainsi nous trouvons-nous face à un dilemme : devons-nous préférer une inquiétude grandissante à une restriction de nos libertés, ou devons-nous choisir de maîtriser notre inquiétude au prix de l'abandon de certaines de nos libertés ? Mais est-ce vraiment demeurer libre que d'être sujet à une permanente et forte inquiétude ? La première des limites à nos libertés n'est-elle pas cette peur même qui nous empêche d'en jouir ?

Là où le problème apparaît dans une plus grande complexité encore, c'est lorsqu'on fait le constat que les mesures résultant de la mise en place de l'état d'urgence ne sont que partiellement efficaces pour enrayer le danger et stopper l'évolution d'une inquiétude croissante. Il suffit aujourd'hui de si peu de chose pour conforter notre inconfort : quelques armes, quelques hommes, quelques images. Jamais, dans l'histoire de l'humanité, aussi peu d'êtres humains ne sont parvenus à créer une angoisse chez des centaines de millions d'autres. La disproportion entre le nombre extrêmement limité des auteurs d'actes sanglants et celui, immense, des femmes et des hommes qu'ils parviennent à traumatiser est inédite. Et je vois là la première restriction aux libertés auxquelles nous sommes tant attachés, notamment celle qui accepte, dans les systèmes démocratiques, le choix du plus grand nombre comme axe et moteur de décision, puisque, aujourd'hui, la tranquillité, la vie, le sort de la majorité des êtres humains semblent assujettis aux actes d'une minorité d'assassins. Il me semble que le véritable enjeu se trouve là, et qu'il convient, avec force et efficacité, de rétablir, dans nos États et dans nos consciences, la loi essentielle qui fonde toute société humaine respectueuse de chacun et de tous, qui veut que ce soit la majorité des êtres qui la composent qui permette aux minorités existantes d'exprimer leur différence sans remettre en cause le pacte commun et le mode de vie acceptés, et non que les minorités tentent, par tous les moyens, d'imposer leurs choix et leur vision du monde.

L'homme devient-il inhumain ?*

Condition de l'homme. Inconstance, ennui, inquiétude.

PASCAL, *Pensées*.

L'homme est un risque à courir.

KOFI ANNAN.

Lorsque l'homme a commencé à pratiquer l'agriculture, il y a dix mille ans, on estime que la population mondiale était alors d'environ cinq

* 2018.

millions d'êtres humains. La progression de la démographie mondiale n'a depuis cessé de s'accélérer, et en particulier au cours des dernières cinquante années : deux cents millions d'hommes au temps de Jésus-Christ, un milliard vers 1800, deux milliards en 1930, trois milliards huit cents millions en 1970, sept milliards six cents millions aujourd'hui. On estime que d'ici 2050, la seule population du continent africain, aujourd'hui de l'ordre d'un milliard deux cents millions, aura doublé.

La surface de la Terre ne s'est par contre aucunement étendue. Jadis, nos ancêtres vivant au sein de petites communautés n'avaient qu'une chance infime au cours de leur existence de croiser ou d'apercevoir des êtres humains ne faisant pas partie de leur groupe. Nomades, ils pouvaient traverser d'immenses espaces sans rencontrer aucun de leurs semblables. Aujourd'hui, c'est l'inverse que nous connaissons puisque, en dehors des zones géographiquement désolées, la concentration humaine sur terre est telle qu'il est difficile voire impossible de ne pas rencontrer, souvent de façon massive et quotidienne, nos semblables.

Une différence notable tient aussi au milieu naturel, qui, il y a dix mille ans, ne portait que de façon négligeable les traces liées à la présence et à la vie des hommes. Aujourd'hui, on considère qu'aucun lieu sur le globe ne subit pas, directement ou indirectement, l'impact de la vie des hommes : on sait que même des milieux comme les déserts, les pôles, les océans, qu'on pourrait croire vierges, ne le sont plus que dans nos rêves, tant ils ont été touchés par des pollutions plus ou moins massives ou par les conséquences d'une utilisation exagérée des énergies fossiles.

En même temps que la population humaine grandissait et que l'homme multipliait les techniques que son intelligence lui permettait de découvrir, sa marque sur son milieu de vie, la Terre, devenait de plus en plus forte et de plus en plus dommageable : des dizaines de milliers d'espèces végétales et animales ont disparu, des écosystèmes se sont trouvés modifiés en profondeur, des zones humides sont devenues arides, des lacs et des mers intérieures ont disparu, les surfaces glaciaires ont diminué, des terres fertiles sont devenues stériles, des îles ont été noyées sous les eaux, des forêts sont devenues des friches.

Si je m'adressais à des enfants, pour qu'ils me comprennent bien, je leur dirais que notre ancêtre vivait dans un appartement immense et luxueux dont l'état était impeccable, et qu'il le partageait avec quelques-uns de ses semblables. Aujourd'hui, nous sommes toujours logés dans ce même appartement, dont les murs, le sol, les plafonds, le mobilier, ont été dégradés, souillés, cassés, usés de façon irréversible. Et nous sommes désormais des milliards à nous serrer dedans, nous asphyxiant plus encore dans son atmosphère insalubre que nous contribuons à produire.

Nous sommes entrés, depuis la fin du XVIIIe siècle, dans ce que certains scientifiques sont convenus d'appeler l'« anthropocène » : une nouvelle ère géologique durant laquelle l'influence de l'homme sur la biosphère est telle qu'elle est devenue une force majeure capable de marquer la lithosphère. Seuls des idiots ou un président des États-Unis peuvent encore prétendre le contraire. Nous mettons en péril, par nos modes de vie et par la surpopulation mondiale, ce qu'il est coutume d'appeler notre *maison commune*. Nous le savons, et pourtant nous ne faisons rien ou presque pour changer notre façon d'être et de vivre. Pourquoi ? Qui sommes-nous donc pour dresser le juste constat, mais ne rien faire pour réparer les préjudices ? Qui sommes-nous pour ne penser qu'à notre présent, et ignorer le futur dans lequel vivront nos enfants, leurs enfants et les prochaines générations ? Oui, qui sommes-nous en vérité ? Qu'est-ce donc qu'un homme ?

La question paraît tellement simple que nous ne nous la posons jamais. Nous sommes des hommes, et cela nous suffit. À force d'être, nous avons cessé de nous interroger. Et à force d'évidence, nous ne parvenons plus à nous considérer. Faisons donc un effort. Par quoi commencer ?

Les dictionnaires nous enseignent que l'homme appartient au règne animal. C'est un mammifère de l'ordre des primates, bipède, doté de mains préhensiles, d'un langage articulé et d'un cerveau volumineux, doué de la pensée abstraite, et vivant en sociétés très structurées. Ce qui le distingue des autres espèces animales est le port de vêtements, la maîtrise du feu, la domestication de nombreuses espèces végétales et animales, le fait d'enterrer ses morts, sa faculté à s'adapter au milieu environnant, l'abondance et la complexité de ses réalisations techniques et artistiques, l'aptitude de son système cognitif à l'abstraction, à l'introspection et à la spiritualité. Il se démarque des autres espèces animales par les transformations majeures qu'il opère sur les écosystèmes. On le qualifie aussi parfois de « superprédateur ultime » car il est capable de chasser n'importe quelle espèce animale, même des animaux qui sont eux-mêmes considérés comme des superprédateurs, tels le lion, l'orque, l'ours brun, qui sont pourtant beaucoup plus puissants que lui.

Ce qui frappe dans ces définitions, me semble-t-il, c'est qu'elles mettent l'accent sur un ensemble de qualités, qui sont indéniables, mais sans jamais dire l'utilisation négative que l'homme peut en faire. Au contraire, dans les mots et entre les mots, et sous une apparente neutralité, on perçoit une intention qui consiste à persuader le lecteur que l'homme est une créature qui rassemble un ensemble de dons dont elle ne pourrait faire qu'un bon usage.

L'histoire de l'humanité est certes une histoire de progrès. Mais elle est aussi une histoire de mort. Au fur et à mesure que l'homme maîtrise le feu, peint des fresques sur les murs des cavernes, invente la roue, crée la poésie, la danse, l'architecture, élève des pyramides, construit des temples, sculpte, rédige des traités de philosophie, découvre l'alliage des métaux, les mathématiques, l'astronomie, la médecine, la pharmacopée, la chirurgie, il se rend compte aussi que la pierre qu'il utilise pour enfoncer un pieu dans le sol peut lui permettre également de fracasser le crâne de celui avec lequel il a un différend, que le pieu lui-même, qui servait de mât pour une tente sommaire, pour peu qu'il en durcisse la pointe avec une flamme pénétrera plus facilement le corps de son ennemi, qu'une lanière de cuir habilement ouvragée lui permettra d'envoyer un projectile à une grande distance et pourra ainsi lui donner l'occasion de tuer loin. La solidité et le tranchant des métaux lui offriront le loisir d'imaginer quantité d'objets efficaces pour couper sa viande et son pain, mais aussi pour éventrer, trancher, éviscérer, éborgner, amputer, décapiter. Et puis il y aura la poudre, le fusil, le canon, des armes de plus en plus performantes et sophistiquées dont l'usage ne sera pas exclusivement réservé à la chasse au faisan, et, enfin, notre siècle passé, je veux parler de celui au cours duquel nombre d'entre nous ici sommes nés et avons grandi, connaîtra une forme d'apothéose avec l'invention et l'usage du Zyklon B et de la bombe atomique, pour ne citer que deux des créations majeures parmi des milliers dont l'efficacité létale a pu être expérimentée sur bien des champs de bataille et des zones de conflit.

En résumé, un homme, c'est une créature paradoxale : douée pour améliorer ses conditions de vie, elle l'est aussi pour les détruire. Capable d'aimer son semblable, de le soigner et de le secourir, elle peut aussi se mettre à le haïr, le faire souffrir, l'humilier, le torturer, l'exterminer.

Au tournant de l'an 2000, comme fouettés par une sorte de millénarisme positif, nous avons pu croire, naïvement, que le pire était derrière nous. Ce passage à un nouveau millénaire faisait l'effet d'une page qu'on tournait dans le grand livre, souvent ensanglanté, de l'humanité. Oui, derrière nous le grand massacre industriel de la Première Guerre mondiale, derrière nous la barbarie nazie et la Shoah, derrière nous les dizaines de millions de victimes de Staline, celles toutes aussi nombreuses de Mao, derrière nous Hiroshima, les génocides arméniens, cambodgiens, rwandais, les guerres de décolonisation, l'explosion meurtrière de l'ex-Yougoslavie : le XXIe siècle serait celui d'un nouvel ordre mondial, celui de la raison et de l'entente, de la paix et du bien-être répandus.

L'illusion n'a pas duré. Elle s'est dissipée en deux temps : au matin du 11 septembre 2001, quand les deux Boeing 767 détournés par les terroristes du groupe Al-Qaïda s'écrasèrent contre les Twin Towers de Manhattan, puis en 2008, lorsque la faillite de grandes banques américaines précipita maintes économies mondiales dans une récession profonde et mit au jour l'absurdité d'un système imaginé par des esprits déments hantés par l'appât du gain et que plus personne ne parvenait à maîtriser.

Notons que, dans les deux cas, l'image qui prévalut pour décrire ces catastrophes, qu'elle fût réelle ou figurée, était celle de la chute : chute des tours, chute des actions des banques, chute des systèmes. Ainsi, nous chutions, Icare ou anges rebelles, et depuis nous n'avons, me semble-t-il, jamais cessé de chuter. Mais pourquoi chutons-nous ? De quelle rébellion sommes-nous responsables, sinon de celle engendrée contre la dimension merveilleuse et féconde de notre propre nature au profit de son autre dimension, veule, noire, vénale, facile et séculière ?

Des centaines de millions d'êtres humains habités par l'attitude capitaliste et son avatar l'ultralibéralisme, hantés par l'esprit de possession, se sont réveillés, un matin, mis à nu par les dysfonctionnements d'un système qu'ils avaient contribué à construire. Le fait que, dans le même temps – au regard du temps long de l'Histoire –, des actes terroristes sapaient le fantasme de la sécurité retrouvée des corps comme les cataclysmes boursiers détruisaient celui de la sécurité des biens a accentué le sentiment de vulnérabilité, qui soudain s'est répandu dans l'esprit des hommes appartenant jusque-là au monde privilégié de l'Occident protégé, mercantile et consumériste.

Dans la dernière décennie, les peurs se sont installées, grandissant d'année en année dans la conscience de nos contemporains, et l'observation de la progression de ces peurs, de cette condition misérable de l'homme dont le dénuement intérieur semble aller de pair avec l'évolution accéléré de l'univers technologique, est un matériau de choix pour le romancier. Mais comment dire ces peurs ?

J'ai tenté, au travers d'un roman en forme de fable fantastique, *L'Enquête*, paru en 2010*, de signaler l'absurdité de notre condition contemporaine qui aboutissait, par l'organisation folle du monde du travail et de celui des services, à dérouter l'être humain, à faire de lui une créature soumise à une expérience quasi physique de résistance des corps et des âmes le poussant vers le suicide, comme on a pu le constater dans de grandes entreprises nationales, dans des écoles, des universités – les carnages comme celui de Columbine et ses avatars étant à mes yeux des variantes exogènes du suicide, variantes perpétrées, et cela n'est pas innocent, dans des lieux d'apprentissage, des lieux de transmission du savoir, la mort ainsi donnée désignant par là, symboliquement et tragiquement, la rupture de fonctionnement du système.

La plupart des lecteurs de *L'Enquête* ont été mal à l'aise, dérangés par le propos du livre, par sa forme, par sa fin qui

* Philippe Claudel, *L'Enquête*, Paris, Stock, 2010.

confrontait le narrateur à un Dieu clochardisé et amnésique. Beaucoup me l'ont dit. Je leur ai répondu que c'était là un des buts de ce livre, déranger, inquiéter, la littérature étant, à mon sens, faite parfois pour divertir, mais souvent pour réveiller, perturber, dès lors qu'on sent autour de soi un endormissement qui préfigure la mort. Certes, ce livre n'est pas confortable. Il nous met face au désarroi, à l'aberration des modèles économiques qui régissent nos vies et lient les mains et les cerveaux de nos gouvernants.

L'homme moderne ne se contente pas de créer des objets, il travaille dans le même temps à leur perte. Produire, aujourd'hui, consiste le plus souvent à prévoir l'obsolescence de ce qui est produit, et dans toute grande entreprise, parallèlement au département de production œuvre une cellule de chercheurs dont le travail consiste à penser le dépassement du produit du jour, dépassement renommé hypocritement « perfectionnement ». L'absurdité de cette course en avant fait que nombre d'entreprises, et non des moindres, se font laminer car elle n'ont pas su anticiper ce qu'allait être le monde, ce monde qui, croit-on ou nous a-t-on fait croire, exige toujours du nouveau.

Ce qui est vrai à l'échelle des entreprises, cette loi non écrite qui condamne la simple observation et jouissance du présent, se répercute dans nos comportements et dans nos consciences. Et notre intranquillité vient en partie du fait qu'on nous oblige à nous projeter toujours, en même temps qu'on nous met dans les mains des outils sans cesse nouveaux, dont la compréhension du mode d'emploi nécessite à elle seule bien plus d'énergie que celle que nous sommes capables de donner – et que nous n'utilisons dans la plupart des cas qu'à quelques pourcents de leurs possibilités. Sans nous en être aperçus, nous devenons des hamsters enfermés dans une roue dont la vitesse augmente toujours sans que nous puissions jamais ralentir le moteur qui l'actionne, alors même que c'est nous seuls qui l'avons fabriquée.

La vitesse est d'ailleurs une des plus importantes de nos divinités. Nous ne supportons plus d'attendre : une réponse à un message téléphonique que nous venons de laisser à un correspondant, à un courrier électronique, un métro, un train, une correspondance dans un aéroport. L'urgence nous caractérise, la vitesse nous modèle. L'information doit nous être livrée aussitôt qu'elle est collectée. Le monde se rassemble dans les canaux des chaînes d'information en continu dont les écrans diffusent simultanément, par le biais de surimpressions, d'encarts et de paroles prononcées par le journaliste, trois informations différentes. Nous voulons tout, tout de suite.

Le mouvement des Gilets jaunes, en France, peut être lu partiellement avec cette grille de lecture : sans porter de jugement sur les motivations de ces femmes et de ces hommes qui descendent dans les rues, bloquent des routes, font en sorte que l'économie d'un pays soudain s'enraye, force est de constater que la principale de leurs revendications est que leurs demandes soient satisfaites immédiatement. Ce mouvement a lieu un an et demi après deux scrutins majeurs, l'un qui a consisté à élire un président de la République pour cinq années, l'autre qui a élu cinq cent soixante-dix-sept députés pour une législature de cinq années également. Tout cela s'est fait démocratiquement, par le vote : des majorités se sont dégagées, largement, et le fait même de voter signale en principe l'adhésion à ce système de démocratie par représentation. Or, aujourd'hui, qu'en est-il ? Les manifestants exigent des résultats sans attendre de tirer les conséquences d'une action qui a obtenu cinq ans et l'accord du peuple pour se mettre en œuvre. Plus encore, comme dans de nombreux programmes télévisés qui polluent le cerveau de nos contemporains depuis des décennies et dont le principe reprend celui du pouce levé ou abaissé des antiques jeux du cirque, est exigée aujourd'hui l'élimination d'un candidat qui ne plaît plus au public, en l'occurrence le président de la République, dont bien des participants à ce mouvement réclament le départ.

Oui, nous sommes devenus bel et bien des enfants capricieux, l'immédiateté est devenue notre exigence. Si nous n'obtenons pas dans l'instant ce que nous convoitons, alors nous souhaitons nous débarrasser de celle ou celui qui nous refuse cela.

Notre rapport au temps – temps du désir, temps de la raison, temps politique, temps social, temps intime – a changé. Le fantasme de dominer le temps, de l'asservir, de le supprimer, de l'étendre quand il s'agit du temps d'espérance de vie, régit l'entièreté de nos existences. Lorsqu'on y songe, Ted Turner créant CNN et la France inventant le TGV n'ont-ils pas, poursuivant des buts qui n'ont *a priori* rien en commun, augmenté notre asservissement à la vitesse et recomposé le temps humain, déréglant notre horloge interne en affolant les aiguilles sous prétexte de les contenter ?

Vivre et réfléchir, c'est attendre, c'est donner au moment son importance relative et le placer dans une perspective et un recul qui permettent de le jauger. Mais aujourd'hui, on ne mesure plus l'événement, on le relaie, de la même façon qu'on ne mesure plus le monde, on le rétrécit dans ses distances. Nous sommes passés en quelques siècles de la géographie des Grandes Découvertes à celle des contractions planétaires produites par la vitesse des déplacements – de biens, d'individus, d'informations. L'homme, dans tout cela, peine à trouver sa place et sa mesure. Qui suis-je donc dans ce monde recomposé soumis au temps des transactions informatiques se mesurant en nanosecondes, et où suis-je ? Existé-je seulement ? La progressive mondialisation des échanges de biens matériels et de données immatérielles m'a rendu plus encore minuscule, faisant par ailleurs de moi un perpétuel sans domicile fixe ne supportant plus la moindre minute creuse.

Qu'on me permette de lire dans la pratique envahissante des *selfies* la conjuration, sous une forme qui n'est ludique qu'en apparence, de cette angoisse de n'être rien, et qui plus est de n'être rien nulle part. En me prenant moi-même en photographie, seul ou avec d'autres, j'accrédite mon existence dans le temps et dans le lieu de la prise de vue, je la certifie à l'aide de témoins intégrés. Et aussitôt la photographie prise, je la diffuse sur des réseaux qui n'ont de sociaux que le nom car ils ne créent aucune société sinon une ombre de groupe à la composition mouvante, sans projet d'envergure, cimenté par des codes primaires, hyper-réactifs et hypo-réflexifs, créant une hiérarchie des êtres en fonction de critères basiques (j'aime/je n'aime pas, nombre d'amis, nombre de followers, nombre de vues, nombre de *like*, etc.). Grâce au *selfie*, j'oublie un instant ma solitude et mon néant. Je me vois, donc je suis. Je me donne à voir, donc j'existe pour autrui. Je multiplie les prises de vue au long de la journée, prises de vue que je partage, et je me convaincs que mon existence a bien eu lieu, qu'elle est faite de quantités de moments que la photographie et la diffusion immédiate tentent de hisser au rang d'instants essentiels et générateurs.

La pratique égoïste du monde pourrait faire croire qu'elle est un remède à l'inquiétude ontologique qui nous taraude. Elle n'en est en fait qu'une des terminaisons.

L'autre que je cherche à séduire pour qu'il témoigne que je suis à ses yeux important est le même qui augmente mon inquiétude. Car nous ne cessons depuis quelques années de considérer l'autre comme une menace. Promulguant la suprématie de notre mode de vie, de notre culture, de nos valeurs, de nos produits, nous sommes tout étonnés de constater que ceux-là mêmes à qui nous avons vendu notre modèle revendiquent d'y goûter. Il y a une hypocrisie farouche à vouloir imposer la civilisation consumériste sur la planète entière et à rejeter à la mer des migrants dont nous acceptons qu'ils rêvent de nos produits, mais pas qu'ils viennent participer au système qui les exploite en s'asseyant à la table du banquet.

Cette inquiétude liée à une recomposition géo-démographique du monde n'est pas sans fondement. La terre hébergera dans quelques décennies près de dix milliards d'êtres humains. Mais plutôt que de faire des flux migratoires un argument négatif des campagnes électorales, ne faudrait-il pas dès aujourd'hui penser l'humanité recomposée de demain, prévenant par le fait des conflits qui ne pourront hélas qu'avoir lieu si une faible partie de l'humanité s'entête à accaparer, comme elle le fait jusqu'à maintenant, la plus grande partie des richesses de la planète et des espaces propices à la vie ? Cela supposerait de la part des gouvernants un sens de l'avenir dont malheureusement ils ne font pas preuve, consacrant plus d'énergie et d'argent à se maintenir aux postes qu'ils ont conquis qu'à œuvrer pour le bien commun.

Mais il semble qu'il n'y ait plus d'hommes d'État désormais. Nous arrivons à la fin d'un processus démocratique qui conduit à transformer le plus pur des idéalistes en un professionnel de la politique vivant de ses mandats et les honorant peu. Les scandales à répétition qui entachent au plus haut niveau la classe politique mondiale depuis quelques années ne sont que l'écume sale d'une transformation en profondeur de la mission de ceux qui nous représentent. Là encore, la dictature du temps, l'immédiateté, le règne de l'image et de ce qui est appelé très improprement la *communication*, la volonté de plaire, de plaire à tout prix, l'asservissement aux puissances de l'argent, l'absence de projets d'envergure, le manque de courage, la crainte d'une chute dans les sondages – qui sont le thermomètre enfoncé dans les fesses de la démocratie malade –, la malhonnêteté de certains, pèsent d'un poids écrasant. Mais le plus terrible, et là aussi le plus inquiétant, c'est de songer que nous avons les dirigeants que nous méritons et que rien ne survient par hasard.

Dans l'histoire chaotique de l'humanité, on constate qu'une civilisation met environ mille ans à se construire, moitié moins à se détruire et à disparaître. Hantés par notre passé grandiose, nous pensons mal notre présent et tournons le dos à un possible avenir. Vieux peuple, nous préférons vivre entre nos murs, espérant qu'ils seront assez épais et protecteurs. Nous en bouchons les fenêtres plutôt que d'en percer de nouvelles. Nous rabâchons en nous accrochant à nos privilèges, nous qui, pourtant, nous enorgueillissions d'en avoir aboli il y a un peu plus de deux siècles. Nous confondons l'abri et le cercueil. Nous mourons sans nous en apercevoir. Le passé nous sert d'œillères. Nous sommes des créatures fragiles et sensibles à l'effroi.

J'ai regardé il y a quelques mois une vidéo de plus de quinze minutes postée par quelques bourreaux décérébrés de l'État islamique. Je me suis forcé à regarder jusqu'au bout ces images. Pour la dignité des victimes sacrifiées comme des bêtes sans défense. Ignorer est aisé. Imaginer, en l'espèce, ne suffit pas. La barbarie est moderne. Elle est de notre temps. Elle est visuelle. Elle est vue des millions de fois sur Youtube, comme l'indiquent les compteurs qui évoquent peu ou prou le cours toujours montant d'une action dans cette nouvelle Bourse qu'est le marché de l'image et de la terreur. L'acte de décapiter est filmé par ces mêmes téléphones que nous utilisons chaque jour. Les bourreaux se servent des mêmes circuits d'information que ceux sur lesquels nous correspondons avec nos amis, postons nos photographies de vacances, vendons notre voiture, échangeons des données scientifiques, des recettes de cuisine, rencontrons des partenaires sexuels, mettons en ligne des faire-part de naissance et des avis de décès. La barbarie se donne un visage moderne. Nous nous effrayons des actes archaïques de ces bourreaux cathodiques sans penser peut-être que l'impact de l'horreur réside non pas dans le fait qu'ils tuent des hommes comme on tue des moutons, mais dans le fait qu'ils filment et diffusent leurs exécutions en utilisant des procédés et des canaux dédiés au seul divertissement et à l'information filtrée. Jusqu'à récemment, les États contrôlaient les images des guerres qu'ils menaient, des massacres qu'ils y perpétraient. On ne nous montrait pas tout, et même le travail des photo-reporters passait au crible d'une forme d'auto-censure. Le califat de l'État islamique a pris le contrepied de cette pudeur – hypocrite ou salutaire, je ne veux pas juger – et a installé, avec une efficacité saisissante, le règne de la monstration et de l'angoisse qui en surgit.

La barbarie nazie n'a pas immédiatement choqué la planète entière lorsqu'elle a commencé son œuvre de mort. Sans doute parce qu'elle a tout fait pour ne pas lui donner une publicité trop visible. On s'appliquait alors à tuer et à dissimuler le crime. On s'applique aujourd'hui à le faire savoir. Changement d'époque. L'inquiétude révélée par cette pratique est à double sens. Elle étreint celui auquel on soumet le spectacle, mais elle ronge aussi le bourreau. Inquiet de sa faible puissance, il combat son inquiétude en démesurant son acte, comptant sur sa retranscription mondiale pour lui donner un pouvoir et une force. À nous de lui faire comprendre qu'il ne la possède pas et ne la possédera jamais. Que l'image ne nous effraie pas, et qu'elle ne nous fascine pas davantage. Qu'elle ne fait que montrer le ridicule tragique de son comportement. La bêtise et l'horreur de son acte. La grandeur de sa victime, homme lié pieds et poings préservant jusqu'au bout son humanité, mourant avec elle, tandis que de l'autre côté du poignard s'agite et hurle une créature qui n'est plus humaine, qui n'est qu'une chose avec des membres, des yeux, des mains, un robot stupide au discours réduit à quelques mots hurlés et mal compris avec lesquels il vénère le nom d'un Dieu qui, s'il existait, réprouverait aussitôt son acte.

Ce qui nous inquiète nous définit.

Nous avons eu des dieux, mais ils sont morts. Nous avons pu penser orgueilleusement que nous les avions tués, mais c'était nous donner une bien grande importance : les hommes sont mortels, mais les dieux et les religions qui les accompagnent le sont aussi. Deux mille ans semblent être leur espérance de vie, ce qui n'est pas si mal comparé à la nôtre. Deux mille ans, ce serait cela, donc, l'éternité ? Les polythéismes de l'Égypte ancienne, de la Grèce antique, de Rome, deux mille ans. Les religions qui semblent aujourd'hui exister encore un peu, judaïsme, christianisme, connaissent un déclin rapide dans bien des continents où pourtant elles furent fortes. L'islam paraît plus en forme, mais l'islam est plus jeune, tout simplement. Il mourra aussi dans quelques siècles.

Sans dieu, l'homme est donc livré à lui-même. À sa nature double, que j'ai dite, mais aussi à sa capacité à s'effrayer de tout, à n'espérer de rien, à ne penser qu'à lui. Que l'on me comprenne bien : je ne regrette pas un monde perdu dominé par la religion, religion qui fut souvent, comme on le sait, l'alliée efficace de pouvoirs autoritaires, quand elle n'était pas elle-même l'enjeu de guerres interminables ou la motivation d'actes barbares comme ceux que je viens de citer. Mais je remarque que sans espérance d'une puissance qui le dépasse, d'un juge qui pourra valider ses actions ou les blâmer, d'une possible vie après la mort, d'un ensemble de règles morales qui servaient à codifier sa vie et ses rapports avec autrui, l'homme désespère plus aisément.

D'autant qu'il s'est aussi mis en tête de repenser sa nature et ses limites : constatant que les progrès de la science, et en particulier de la médecine, lui avaient permis, dans les pays développés, d'accroître considérablement son espérance de vie au cours du dernier siècle, l'homme s'est mis à songer à son immortalité :

on le sait, certaines unités de recherche de grandes entreprises travaillent en ce sens. Ce qui paraissait être du domaine de la science-fiction il y a encore quelques décennies semble atteignable aujourd'hui. Car après tout, quand, il y a quelques milliers d'années, l'homme expérimentait la trépanation et la réduction de fracture avec des instruments et des techniques de fortune, imaginait-il qu'un jour, on pourrait prélever un poumon, un rein, un foie, un bras, un utérus, un cœur, sur un donneur et le greffer sur ou dans le corps d'un autre homme pour le sauver ?

Ainsi, aujourd'hui, l'homme peut se reconstruire. On peut changer en lui bien des pièces défectueuses de façon à le maintenir en vie. On peut modifier son apparence physique, les traits de son visage, la forme de ses seins, le galbe de ses fesses. On peut également le faire changer de sexe. On peut même inventer et inscrire dans la loi, certains pays l'ont déjà fait, un troisième sexe. Alors pourquoi donc ne pas étendre sa vie jusqu'à cent vingt, cent cinquante, deux cents, trois cents ans ? Et ne pas créer un quatrième sexe, non plus neutre, mais qui serait celui d'un hermaphrodisme abouti ?

Rien d'irrationnel dans cela. La science le permettra sans doute dans un avenir proche. Mais pour quel bénéfice ? Par exemple, vivre le plus longtemps possible, pour quoi ? Pour qui ? Pour notre bonheur personnel, ou pour celui des autres ? Pour encombrer plus encore la planète, ou pour œuvrer à la guérir ? Pour faire en sorte de multiplier de façon affolante le nombre de créatures dans une forme physique relative mais atteintes de démence sénile ? Est-ce cela que nous voulons : un monde où seraient majoritaires les femmes et les hommes atteints d'Alzheimer ? Un monde de fantômes sénescents, aux corps fonctionnels mais aux cerveaux détruits ?

Il y a un peu plus d'un an, j'ai publié un roman, *Inhumaines**, dans lequel, avec un humour grinçant que beaucoup n'ont pas compris ou goûté, j'observais notre façon

* Philippe Claudel, *Inhumaines*, Paris, Stock, 2018.

de vivre aujourd'hui, dans la sphère sociale, dans la sphère intime, dans la sphère du travail. L'écriture, sèche et froide, dénuée de tout affect, me permettait de décrire des comportements réels en les poussant à leur extrême afin de montrer à mes lecteurs ce que nous étions en train de devenir, ce que nous deviendrions si nous n'y prenions garde : car il est important, à l'heure où on voudrait nous faire croire que le principe même d'espèce n'existe pas, qu'un animal quel qu'il soit mérite d'être traité avec le même respect qu'un homme, qu'un arbre pense, qu'il peut être notre ami, que la sexuation est un mythe ou l'héritage d'un poids culturel, qu'un garçon n'est peut-être qu'une fille qui s'ignore ou vice-versa, oui, il est important, plus qu'à tout autre moment de l'Histoire, de s'interroger sur notre humanité.

Vivre, c'est risquer. Et c'est aussi risquer de penser ce qu'on ne voudrait pas penser.

Être un homme, c'est accepter ce risque, et non pas le nier ou espérer le supprimer. Si j'ai voulu faire comprendre le paradoxe de notre nature et l'inquiétude qui est la nôtre en ces temps présents, ce n'est pas dans l'espoir qu'ils disparaissent, mais pour qu'on en prenne conscience.

La brièveté donne naissance à l'intensité. Et l'inquiétude, à l'espoir. Si l'homme acceptait davantage sa fin, il donnerait sans doute à sa vie une plénitude qui n'est pas à chercher dans un rêve d'immortalité, et s'il réfléchissait aux racines de son malaise à vivre son présent, il trouverait, je le pense, les clés pour commencer à le dissiper. En tout état de cause, il redeviendrait profondément humain, si tant est qu'il l'ait déjà été.

Ghofrane*

« Tu n'as pas dix-sept ans, mais l'âge, ici, ne signifie rien. La mort n'a pas d'âge. Tu t'appelles Ghofrane. Tu me l'as dit. Tu n'en avais pas le droit, mais tu me l'as dit un matin. Tu souriais. Ghofrane. Je m'appelle Ghofrane. Tu souriais et tu caressais ton fusil. Tu es très fier de ton fusil. Tu le nettoies sans cesse. Tes chaussures aussi. Des chaussures de sport. Faites pour le jeu, la course, le plaisir. Pas pour la guerre. Tu prends soin d'elles, de leur marque apparente et que tu sembles apprécier. Et de ton fusil. Tu as aussi un couteau à la

* 2015.

ceinture. Tu l'ajustes comme tu as vu le faire dans les films de pirate. Il y a un petit miroir dans la pièce où tu m'as surveillé pendant deux mois. Tu vérifies ton allure dedans. Ta coiffure. L'aspect de tes vêtements. La position du couteau dans ta ceinture. Lorsque tu manges, tu coupes la viande et le pain avec le couteau. Mais ce matin, tu le sais, il servira à autre chose. Ghofrane cela veut dire *le pardon*. Cela ne veut rien dire en fait. Les mots et les prénoms n'ont plus de sens désormais. Plus rien n'a de sens. À six heures tu m'as réveillé. Tu ne souriais pas. Tu m'as donné une combinaison orange, qu'il fallait que je revête, et un bol de thé. Tu m'as dit que nous partions bientôt. Et puis tu es sorti de la pièce. D'ordinaire tu t'attardes. Tu me regardes. Tu me souris. Tu es bavard. Je connais ta langue et tu le sais. Tu en profites. Tu me racontes ton village. Ta famille. Tes quatre sœurs. Tes trois petits frères. Tu es l'aîné. Tu en es fier. Je t'écoute. Que puis-je faire d'autre ? Tu ne me poses pas de questions sur moi. C'est de toi que tu parles. Et de Dieu.

De ton Dieu qui commande tous tes actes. Tu me dis que c'est Lui qui ordonne ce que tu fais. Que moi je suis un mécréant. Un infidèle. Que ma présence sur terre et dans ton pays insulte ton Prophète. Que c'est pour cela que je dois mourir. Je n'essaie pas de t'expliquer pourquoi je connais ta langue. Pourquoi j'aime ton pays, ses gens. Que c'est pour cela que je suis là. Pour soulager. Pour transmettre le peu de choses que j'ai appris et que je sais. Que je suis là parce que je suis un homme et qu'il y a d'autres hommes à aider. Je ne te dis pas cela. Je sais qu'ils t'ont rendu sourd. Qu'il y a des choses que tu n'entendras plus jamais. J'ai enfilé la combinaison orange. Tu es revenu et tu m'as regardé. Tu as dit : « On se croirait dans un film de science-fiction. On dirait que tu sors d'un vaisseau spatial ! » Puis ton sourire s'est soudain éteint. Tu as dû te souvenir de qui j'étais, de qui tu étais, d'où nous étions, de ce qui allait advenir. De ce que tu t'apprêtais à faire. Et puis si les autres te voyaient me sourire, ils te le reprocheraient. Vous n'êtes pas là pour rire. Pas là pour sourire.

Vous êtes des guerriers. Des soldats du Prophète. Votre mission est sacrée. Tu m'as noué les mains dans le dos, tu m'as mis un sac sur la tête et tu m'as poussé hors de la pièce. Le sac sentait le cumin, et la cannelle, un peu l'oignon aussi. C'était un sac en toile de jute. Il avait dû servir à des marchands, traîner dans les souks, servir et resservir. Aujourd'hui il servait encore. À gommer le monde à mes yeux. À me retirer de sa lumière. De sa haute et profonde lumière. Mais pas à faire disparaître les sons. J'entendais les cailloux sous nos pas. Les voix de tes compagnons, le cri des chèvres et celui des chiens, plus loin. Les moteurs aussi. Deux ou trois. Tu m'as poussé vers ces bruits. Tu m'as fait monter sur la plate-forme d'un véhicule. Tu l'as fait sans ménagement. Quand nous sommes seuls, tu es doux et paisible. Tu soignes ton fusil, tes chaussures. Tu ajustes ton couteau dans ta ceinture. Tu me parles. Tu souris. Tu es encore un enfant. Lorsque tu es avec les autres, tu joues à l'homme. Tu me traites comme un ballot de chiffon. Tu me rudoies. Nous avons roulé. Le vent et la vitesse amenaient à mon visage une poussière que je connais bien et que j'aime, la poussière rouge du désert, qui s'infiltrait dans les mailles du tissu et qui venait sur mes lèvres, dans ma bouche. J'ai pris la poussière dans ma bouche. Je l'ai mêlée à ma salive. J'ai goûté une fois de plus ainsi ton pays. Je ne pensais pas au mien. Je ne pensais à rien d'autre qu'à ce goût de poussière et de salive, à la fraîcheur des soirs au bord des oueds quand l'hiver les ensemence d'une eau boueuse. Bien sûr que je savais que j'allais mourir. Que ma mort n'était plus qu'une question de minutes. Que ce jour était mon dernier jour. Je n'avais pas peur. Je n'avais plus peur. Je ne comprends pas pourquoi je n'avais plus peur. J'étais passé peu à peu déjà de l'autre côté des choses et des êtres. Ton Dieu, s'il existe, m'avait-il aidé en cela ? Le véhicule a décrit trois fois un cercle puis il s'est arrêté. J'ai entendu tes compagnons descendre des autres véhicules. Nous sommes restés assis côte à côte. Je reconnais ton odeur. Celle de ta sueur, sauvage et forte, qui venait au travers du sac, effaçait le cumin, la cannelle et l'oignon. Ta sueur te trahissait. C'est toi que la peur avait choisi. Elle était là, en toi, comme une pieuvre affamée. Elle ne te lâcherait pas. Elle ne te lâcherait plus. J'ai entendu celui qui devait être ton chef prononcer un discours. Il assemblait les mots comme des bris de verre. Il fabriquait un objet tranchant et creux, dont il s'était déjà servi, dont il allait encore se servir. Il s'adressait au monde. Il brandissait sa pauvre arme moyenâgeuse faite de mots anciens dont il était si fier. Nous étions un matin, au milieu de nulle part, dans une frange caillouteuse du désert, près de la beauté première des roches et de la lumière. Ici, l'humanité avait balbutié au début des temps. Elle s'était dressée peu à peu. Les mots de ton chef la faisaient se courber de nouveau, la ramenaient à terre en l'écorchant et en la souillant, écrasaient sa pensée contre des pierres. Il y a eu ensuite un silence, puis des bruits d'un corps qui se débat, quelques cris, dans une langue que je connais pas, une langue scandinave peut-être, et puis des hurlements, aigus, lancés comme des fusées de détresse, et puis plus rien. Et de nouveau des cris, mais de joie, d'ivresse cette fois, dans lesquels le nom du Prophète revenait sans cesse, et des sons de pas, de danse plutôt. Ta sueur était encore plus forte. Je sentais ton corps contre le mien. Il faisait déjà très chaud. Tu grelottais. Tu tremblais. La scène s'est reproduite. Bruits de corps qui se débat, aucun mot lancé cette fois, mais des hurlements, des éructations, un long gargouillis, et plus rien. Et de nouveau la joie, la danse, le nom d'Allah sonnant dans l'air chaud. La scène s'est reproduite trois fois encore. Presque sans variation, sinon pour la dernière exécution, où le condamné a crié trois prénoms, Laura, Stefano et Bianca. J'ai deviné le dernier prénom plus que je ne l'ai entendu. Il disparaissait déjà dans le dernier cri éteint de l'homme. Tu grelottais de plus en plus. Ton corps entier tremblait. Tu n'étais plus qu'une petite feuille secouée par une tempête. Il m'a semblé aussi sentir, mêlée à ta sueur de bête aux abois, l'odeur de l'urine. De ton urine. Tu étais en train de te pisser dessus, Ghofrane. J'ai reconnu la voix de ton chef. Il s'est approché du pick-up. Il t'a dit de descendre, que c'était à toi désormais, que Dieu te regardait et qu'Il serait fier de toi. C'est sa main à lui qui m'a tiré de la plate-forme, il m'a fait tomber à terre. J'ai senti des cailloux s'enfoncer dans mes côtes. Peut-être ont-ils déchiré le tissu de la combinaison orange ? J'ai eu alors une pensée idiote. Je me suis dit que c'était dommage. Qu'elle était toute neuve. Que c'était du gâchis. Ton chef m'a relevé. Il m'a traîné sur quelques mètres. J'essayais de marcher mais je n'y parvenais pas. Le sol était trop irrégulier. Il s'est arrêté, a pesé sur mes épaules pour que je m'agenouille. Il t'a dit d'approcher. J'ai entendu tes pas et de nouveau j'ai senti ta sueur et ton urine. Dans mon dos. Tout contre moi. Une main a ôté le sac de ma tête. Le blanc de la lumière, du ciel et du soleil m'a aveuglé soudain, puis des formes sont apparues, mouvantes, dansantes, tes compagnons qui ne cessaient d'aller et venir, comme dans une danse incohérente et folle, et d'autres formes, allongées, immobiles, en combinaison orange tâchée de sang, les mains liées dans le dos, et devant elles des têtes posées sur le sol dans des flaques rouges, cinq têtes dont l'une à quatre mètres de moi me regardait de ses grandes et douces paupières closes. Un de tes compagnons est venu vers nous en sautillant. Il filmait toute la scène avec son téléphone. Il filmait les corps, les têtes, ses frères, ton chef, toi, et il a terminé sur moi, me cadrant tout en restant un peu à distance. « Vas-y ! » a dit ton chef. Pendant quelques secondes tu n'as rien fait. « Vas-y ! » a-t-il répété. Ta main gauche a agrippé les cheveux sur le dessus de mon crâne, et je savais que ta main droite cherchait le couteau dans ta ceinture. Tout ton corps était imprégné de sueur et d'urine. Les parfums de cannelle et de cumin, l'odeur sèche du désert, le goût de la terre dans ma bouche, tout cela n'existait plus : tes miasmes recouvraient tout. Ta peur triomphait. Tu grelottais. Tu reniflais. Étais-tu en train de pleurer ? Moi, je n'étais déjà plus là il me semble. C'est un autre que tu allais égorger. C'est un autre que ton compagnon filmait. Un fantôme de moi-même. Je ne sais pas quel miracle avait permis cela, ma disparition avant l'heure. Mon retrait avant toute douleur. Oui, je crois bien que j'étais mort avant même que ton couteau entaille ma gorge, mais ce dont je suis certain c'est que toi, petit Ghofrane, en ouvrant mes chairs et en faisant jaillir mon sang, tu quittais pour toujours le monde des hommes. »

Yoyo*

Perdre la boule mais pas le fil
Important le fil
Y a que ça
Que ça
Fil filer doux
Pas relever la tête
Ni le reste ni rien
Bander discret
Gueuler en soi
Se mordre le cœur la rate le foie
Se bouffer la langue
Se limer les dents les poings
Pas gueuler pas frapper

---

* Pour Ernest Pignon-Ernest, octobre 2017.

Rester sur le fil
Coupant toujours
Fil des jours sans coups de fil
Pas déconner rester droit dans la cage
Rester homme malgré
Malgré tout
Malgré vous
Malgré vos yeux qui percent les murs
On les voit nous voir nous qui ne voyons rien que
Murs murs murs
Vitres opaques grillages chevaux de frise
J'ai longtemps cru enfant
À de grands animaux galopant dans les plaines d'Allemagne
Au lieu de quoi du fer coupant
Immobile entortillé à trois mètres du sol
Putain d'homme qui a inventé ça
Prêts à cisailler les doigts des rêveurs et crever les yeux
Les yeux sur le fil
Mon frère en bas
En haut à gauche à droite
Une roulée du PQ un joint de la lessive du chocolat un billet
Avec quelques mots dessus

Yoyo

Dans le yoyo chaussette le yoyo bouteille le yoyo plastoc le yoyo Ricoré
Je me rappelle ma grand-mère me disant
Arrête de yoyoter quand je déconnais
Si elle savait aujourd'hui
Combien j'ai déconné et combien je yoyote
Tu le chopes bordel oui ou merde
Des as on est agiles
Discipline olympique
Médaillés d'or sans public
De bouts de ficelle
Des fois je nous vois de loin comme si en pensée j'étais
Soudain au dehors
Et que je nous regardais le soir
Pris dans la grande toile d'araignée mobile
De nos yoyos qu'on balance
Ballet de ficelles lestées
De mains coupées qui sortent des barreaux sans visage sauf parfois
Un nez écrasé
Une demi-joue
Un œil énorme
Aller à la pêche c'est pareil au fond
Aveugles toujours on lance l'hameçon
Dans l'eau

Noire
Nous on ne voit rien non plus
On devine le collègue à cinq mètres au-dessous sur la gauche
Ou plus bas ou plus loin
Certains
Sont des as d'autres des manches
Bordel recommence
Allez recommence
Yoyo
Yoyo
Yoyo
Putain je l'ai
Ça y est je l'ai
Enfin
La petite joie qui coule dans le sang
Tout chaud ça me fait
Jusque dans la bite
Tout ça pour un yoyo chopé de haut vol
Comme à la fête le pompon
Tous les soirs la fête ici
C'est pas beau messieurs-dames
Le petit jeu du soir avant l'obscur
Tout plein de cris aussi des uns
Des autres
Et les matons qui laissent faire

Yoyo

Ils savent
Pour le yoyo
Tout le monde sait
Un ombilic m'avait dit un collègue toubib
Qui avait découpé sa femme et son amant
J'avais aimé le mot
Il me l'avait décortiqué
Des ombilics vos yoyos
Oui mon gars c'est un peu ça
Un joli mot ombilic un peu ver de terre
un peu alcool fort un peu bimbo
Ou un truc dans le genre
Mais à tout dire je préfère
Yoyo
Ça fait plus gamin
Ça fait joyeux
Dans le mot je vois un sourire
Toujours

Surface de réparation*

Personne ne peut comprendre. Jamais. Personne. Parce que. Parce que certaines choses on ne peut pas les expliquer. On ne peut pas les partager quand on n'a rien en commun. Pas d'échelle. Aucun lieu aucun terrain pour se retrouver et se comprendre. Rien du tout. Quand vous n'avez jamais connu ça vous ne pouvez pas savoir. L'espace par exemple. Le nôtre. Le manque de place. Être enfermé. Ça veut dire quoi. Je ne sais pas si les gens au-dehors se rendent compte. Les neuf mètres carrés avec le

* *Le 1* n° 178, « Prisons : la faute à qui ? », 15 novembre 2017.

collègue. À deux dans neuf mètres carrés. La cellule. À deux quand on a de la chance. On est souvent trois avec un matelas qu'on sort de sous le lit le soir et le troisième qui dort par terre sur le matelas. Neuf mètres carrés. Prenez un mètre. Mesurez ce que ça fait chez vous. Au sol vous pouvez tracer des lignes avec de la craie. Deux mètres cinquante sur trois mètres soixante et puis vous y casez deux lits superposés des W.-C. un lavabo une petite table et deux chaises. Voilà. Vous y êtes. Alors. Ça vous fait quel effet. Essayez un peu. Nous c'est ça. Plus de vingt heures par jour dans les neuf mètres carrés. Avec le collègue. Quelqu'un qu'on ne connaît pas au début. On dort près de lui. On l'entend. Son corps. Il nous entend. Et puis il y a la toilette, les W.-C.

Ça vous ferait quel effet à vous de faire vos besoins près d'un autre, quelqu'un que vous n'avez pas choisi, devant lui, tout à côté. Les bruits. Les odeurs. Je me souviens d'un gars une fois. C'est la première fois qu'il allait en prison. Un type qui conduisait les trains. Il avait agressé un de ses chefs. Bref. Pendant deux semaines il n'a pas pu aller aux toilettes. J'avais beau lui dire on est fait pareil ne t'en fais pas. J'ai l'habitude. Impossible pour lui. Il a failli crever à force de se retenir. À la fin il se tordait de douleur. Ils ont dû l'hospitaliser. L'opérer. Voilà. Et puis une prison, c'est comme une poupée russe, ou un sous-marin. L'espace il est partout coupé barré morcelé. Des sas. Que des sas. Étanches. Des portes. L'idée du lointain, ça n'existe pas. Il n'y a pas de lointain. Moi je gambergeais pas mal au début sur ça. La matière. Le fer. Le béton. L'acier. Que des trucs durs, incassables. Toujours très près de nous. On finirait la tête en sang à se cogner contre. Et puis d'autres choses plus légères, des barbelés, des grillages, des chevaux de frise, mais qui rayent l'horizon quand on peut en voler un bout. Quand j'étais môme je croyais que c'était de vrais chevaux, les chevaux de frise, qui galopaient. Non. Un gars a inventé ça un jour. Le barbelé. Les chevaux de frise. Pour parquer, blesser, couper, lacérer. Et tout l'espace s'entortille dans tout ça. Comme s'il s'y asphyxiait. Les murs. Les enceintes. Les portes. D'autres murs. D'autres enceintes. D'autres portes. Pas à l'infini mais pas loin. En tout cas pour nous ici, c'est comme l'infini. L'infini d'un espace haché menu, coupé en dés, réduit à rien. Vous me direz que c'est le principe pour une prison, un espace imbriqué dans un autre, un espace qui n'en est pas un vraiment et dont on ne peut pas sortir. Oui. Vous aurez raison. Mais si vous pensez à ce que je viens de dire, je serai déjà content. Si vous pensez à cet espace de la prison. Si vous pensez à nous. Parce qu'on ne pense jamais à la prison. Dites-moi la vérité : quand est-ce que vous avez pensé à la prison la dernière fois. Je ne veux pas dire y penser quand vous en entendez parler, à l'occasion d'un compte rendu de procès à la radio ou à la télé, dans les journaux. Non, je veux dire, vous tout seul. Y penser sans raison particulière. Alors. Soyez honnête. Jamais. Voilà. C'est dit. Jamais. On est soixante-dix mille en ce moment à être en prison. La première fois que je suis tombé, fin 1999, on était dans les cinquante mille. Ça n'a pas arrêté d'augmenter. Bien plus vite que la population. On aime enfermer en France. Une tradition. On croit que c'est un remède mais c'est une vraie maladie. Soixante-dix mille. Vous ajoutez le personnel, les surveillants, les gens des SPIP, ceux de l'administration, on arrive à cent dix mille à l'aise. Cent dix mille, c'est la taille d'une grande ville déjà. Et pourtant cette ville, personne ne la voit et tout le monde s'en fout. Une ville invisible. Une ville qui est là pourtant, tout près de vous. Avec des gens comme vous à l'intérieur. Je vous entends dire, non, il pousse le bouchon un peu loin, pas des gens comme moi. Je persiste. Des gens comme vous. On n'est pas des monstres. On est fait comme vous. On a fait des conneries, mais vous aussi vous en faites, peut-être pas les mêmes, mais vous en faites. C'est dur d'être un homme. Pas simple. Et rester un homme en prison. Encore moins simple. Je me dis, c'est ça que je dois faire, garder ça en moi, mon humanité. Essayer de la garder. Ce serait déjà beau. Pas simple. Et je ne vous ai pas parlé du temps. Le temps ici c'est pas le vôtre. Une minute ici, une heure, un jour, une année. C'est pas comme chez vous. Ça ne passe pas ici le temps. Ça s'enlise. Ça s'embourbe. Ça s'étire. Ça colle partout. Quand j'entends parfois à la télé des gens dire à propos d'untel ou d'untel, il n'a pas pris assez, quinze ans pour ce qu'il a fait, c'est pas assez. Il en méritait vingt. C'est l'émotion qui parle. La colère. La haine. La revanche. Je ne critique pas. Je dis simplement, essayez de réfléchir à tout ce que vous faites en une année. Ça en fait des choses. Un sacré paquet de choses. Eh bien vous rayez tout. Poubelle. Tout ça. Plus rien. À la place vous ne mettez rien. Rien du tout. Quelques baisers avec vos proches durant les parloirs. Des milliers d'heures de programmes télé à la con. Rien d'autre. Un peu de marche dans les cours de promenade. Voilà comment remplir votre année dans vos neuf mètres carrés. Si vous en imaginez dix ou quinze ou vingt années comme ça, dans quel état croyez-vous qu'il va sortir le gars. Soit le cerveau lessivé à la Javel. Soit tendu comme un arc. Il paraît qu'ils veulent encore en construire des prisons. Allez-y. Faites-vous plaisir. Construisez. Plus vous construirez, plus vous remplirez. La prison a horreur du vide. Une prison à demi remplie ça n'existe pas. Il n'y a quc des prisons qui débordent. Encore une chose et j'arrête de vous embêter. J'ai fait le calcul une fois, parce que l'espace, les neuf mètres carrés, ça m'obsède. Neuf mètres carrés à partager à deux. Quatre mètres cinquante par détenu. Soixante-dix mille détenus. Ça fait presque trois cent vingt mille mètres carrés. Bon, comme ça, vous n'arrivez pas à vous représenter. Mais si je vous dis qu'en gros, c'est l'équivalent de quarante-cinq terrains de football agréés FIFA. Voilà. Ça devrait vous parler ça. On est soixante-dix mille êtres humains à vivre sur l'équivalent de quarante-cinq terrains de foot. J'arrête. D'autant qu'il y a un match qui commence à la télé. Je suis sûr que vous aussi vous allez le regarder. Vous penserez à moi quand vous verrez le stade. Ils seront vingt-deux gugusses à cavaler dessus. Dites-vous que nous, on serait près de mille six cents sur le même terrain. Et pour un peu plus longtemps qu'une heure et demie.

Eyes Wide Shut*

Le magistrat : Et pourquoi ce moyen de transport ?

Le prévenu : Pardon ?

Le magistrat : Je vous demande pourquoi, ce jour-là, vous avez choisi ce moyen de transport plutôt qu'un autre.

Le prévenu : Mais je prends toujours le métro. Tous les jours.

Le magistrat : Il est noté dans votre dossier que vous possédez une voiture électrique et une bicyclette.

Le prévenu : Oui. C'est exact.

---

* *Le 1* hors-série, « 11 histoires de séduction », nouvelles, 15 juin 2018.

LE MAGISTRAT : Quand vous en servez-vous ?

LE PRÉVENU : C'est variable. Le week-end. Parfois la semaine, aussi. Cela dépend.

LE MAGISTRAT : De quoi ?

LE PRÉVENU : Je ne sais pas, moi. Du temps. De l'envie. Vous avez de drôles de questions. Je ne comprends pas où vous voulez en venir.

LE MAGISTRAT : Pourquoi ne pas avoir pris votre voiture ou votre bicyclette pour vous rendre à votre travail ce jour-là ? Pourquoi avoir choisi de prendre le métro ?

LE PRÉVENU : Je ne me pose pas la question. Je prends le métro pour aller au bureau. C'est plus pratique. C'est tout.

LE MAGISTRAT : N'y a-t-il pas une autre raison ?

LE PRÉVENU : Je ne vois pas.

LE MAGISTRAT : Ne prenez-vous pas le métro dans le but d'être en contact avec d'autres individus ? Des femmes notamment ?

LE PRÉVENU : Vous dites n'importe quoi ! Nous sommes des millions par jour à prendre le métro, vous pensez que c'est pour le plaisir de nous retrouver les uns avec les autres ?

Le magistrat : Je cherche simplement à comprendre. Aviez-vous déjà rencontré la plaignante ?

Le prévenu : Non.

Le magistrat : Vous en êtes certain ?

Le prévenu : Je m'en serais souvenu. Un visage comme le sien, je ne l'aurais jamais oublié. C'était la première fois que je la voyais.

Le magistrat : Ce n'est pas ce qu'elle a déclaré dans sa déposition. Elle affirme vous avoir déjà aperçu. Dans le métro justement.

Le prévenu : Donc elle m'avait regardé auparavant, alors ! Pourquoi me fait-on ce reproche à moi et pas à elle ?

Le magistrat : J'ai dit qu'elle vous avait « aperçu ». Je n'ai pas dit qu'elle vous avait « regardé ». Il y a une nuance.

Le prévenu : Laquelle ?

Le magistrat : On peut apercevoir quelqu'un sans avoir l'intention de le regarder. La personne peut faire irruption dans votre champ de vision sans que vous ayez jamais manifesté le désir ou l'intention de la regarder. Il y a une différence, et le Code pénal la mentionne.

LE PRÉVENU : Le monde devient fou.

LE MAGISTRAT : Pardon ?

LE PRÉVENU : Rien.

LE MAGISTRAT : Je vous conseille de garder vos réflexions pour vous. Reprenons. La rame de métro arrive à quai. Vous y entrez. Quel est votre état d'esprit à ce moment ?

LE PRÉVENU : …

LE MAGISTRAT : Voulez-vous que je répète la question ?

LE PRÉVENU : Non. Mon état d'esprit. Mais dans quel état d'esprit croyez-vous qu'on peut être à huit heures du matin quand on se rend à son travail, quand on a déjà passé une demi-heure dans un train de banlieue bondé, quand on sait qu'on va passer une journée entière coincé dans une pièce à faire une tâche répétitive et dépourvue du moindre intérêt, et tout cela pour un salaire minable ?

LE MAGISTRAT : Justement, je vous le demande.

Le prévenu : Mais je n'en sais rien ! On ne pense pas ! On ne pense à rien ! Ou on pense à autre chose ! Je ne sais pas, moi. Je rêve souvent de campagne. De grands espaces. De voyages. Marcher en forêt. Se baigner dans des lacs. Sentir le soleil d'été sur sa peau nue. Ce genre de choses !

Le magistrat : Et ce matin-là précisément, vous pensiez à vous baigner dans un lac ou au soleil sur votre peau quand vous êtes monté dans la rame de métro ?

Le prévenu : C'est possible. Je ne sais plus.

Le magistrat : Vos pensées n'étaient pas, disons, davantage orientées ?

Le prévenu : « Orientées » ? Orientées vers quoi ?

Le magistrat : Le champ affectif, ou sexuel. Par exemple.

Le prévenu : Non.

Le magistrat : Admettons. Donc, vous entrez dans la rame. Est-elle remplie ?

Le prévenu : Pas complètement. Il y avait encore des places libres.

Le magistrat : Vous vous assoyez ?

Le prévenu : Oui.

LE MAGISTRAT : Vous choisissez votre place ?

LE PRÉVENU : Comment ça ?

LE MAGISTRAT : Vous dites qu'il y avait des places libres. Vous aviez donc le choix. Prendre celle-ci plutôt que celle-là.

LE PRÉVENU : Je vois une place. Je m'assois. Je ne réfléchis pas.

LE MAGISTRAT : Pourtant, des témoins affirment que vous avez hésité entre plusieurs places et que, pour finir, vous avez fini par choisir celle qui était juste en face du siège où était assise la plaignante.

LE PRÉVENU : Des témoins ?

LE MAGISTRAT : Oui, des témoins. Des témoins oculaires.

LE PRÉVENU : Oculaires ? Qui m'ont donc regardé ?

LE MAGISTRAT : Ils ne vous ont pas « regardé ». Votre hésitation à choisir un siège a capté leur attention. C'est cela qui les a fait vous remarquer. Je vous conseille de ne pas continuer à jouer sur les mots. Vous n'arriverez à rien sinon à vous enfoncer davantage. Donc, vous avez hésité ?

Le prévenu : Peut-être. Je n'en ai aucun souvenir.

Le magistrat : Vous ne savez donc pas pourquoi vous auriez pu hésiter ?

Le prévenu : Non.

Le magistrat : Est-ce parce que vous auriez aperçu cette femme ?

Le prévenu : Non.

Le magistrat : Vous êtes soudain bien affirmatif.

Le prévenu : Je le suis sur ce point, oui. Je n'avais pas encore vu cette femme.

Le magistrat : Donc, vous admettez que plus tard, à un moment, vous avez regardé cette femme ?

Le prévenu : Machinalement.

Le magistrat : « Machinalement » ? Je regrette, mais la loi ne fait pas de distinction entre un regard machinal et un regard intentionnel : dans les transports en commun, la loi interdit qu'on regarde l'autre. Ce n'est pas nouveau. La loi impose que les yeux soient fermés ou tournés vers le sol, ou vers un journal, un livre, un téléphone, mais pas vers l'autre. Vous ne pouvez pas l'ignorer !

Le prévenu : Oui. Je le sais. Mais c'est tellement…

Le magistrat : « Tellement » ?

Le prévenu : Rien.

Le magistrat : Ce regard « machinal » était déjà une infraction en soi. Elle demeurait certes mineure. Vous auriez encouru une simple contravention si un représentant des forces de l'ordre vous avait pris sur le vif. Mais vous ne vous êtes pas contenté d'un regard machinal. De machinal, il est devenu volontaire. C'est bien cela ?

Le prévenu : Oui.

Le magistrat : Vous en convenez donc ?

Le prévenu : Oui.

Le magistrat : À la bonne heure ! Nous progressons. Pourquoi, quand vous vous rendez compte que vous êtes en train de regarder cette femme, quand vous prenez conscience que votre regard cesse d'être machinal, pourquoi, maintenir ce regard ? Un citoyen ordinaire aurait immédiatement baissé les yeux. Pourquoi regarder volontairement cette femme ?

Le prévenu : Par nostalgie.

Le magistrat : Je ne comprends pas. Soyez plus clair.

Le prévenu : Vous êtes plus jeune que moi. Il a existé un temps où un homme pouvait regarder une femme, ou bien un homme, et où une femme pouvait regarder un homme, ou une femme. Un temps où il n'y avait aucune loi qui interdisait que les êtres se regardent les uns les autres.

Le magistrat : Je suis peut-être plus jeune que vous, mais je me souviens à quels débordements ce laxisme a abouti. C'est bien pour cela que le législateur a ressenti la nécessité d'interdire de tels agissements.

Le prévenu : Une loi stupide.

Le magistrat : Mon métier ne consiste pas à réfléchir au bien-fondé de la loi ni à sa valeur, mais à me rendre compte si elle a été enfreinte. Vous avouez donc que vous avez regardé la plaignante ? Combien de temps a duré ce regard ?

Le prévenu : Vous croyez que je me suis chronométré ?

Le magistrat : La plaignante parle de longues minutes.

Le prévenu : C'est possible. Elle était si belle. Elle était si… Cela faisait longtemps que je n'avais pas ressenti une telle émotion.

Le magistrat : Vous vous rendez compte de ce que vous dites ?

Le prévenu : Parfaitement. Je m'en rends parfaitement compte. Qu'est-ce que vous croyez ?

Le magistrat : Je ne crois rien. Je note simplement que vous avouez avoir regardé la plaignante de longues minutes, en dépit de la loi, et sans lui demander une seule seconde si votre regard la gênait, si elle vous autorisait à la regarder, ce qui de toute façon n'aurait pu avoir lieu que dans la sphère privée et aucunement dans un espace public comme une rame de métro, vous le savez bien. D'ailleurs, il ne vous est même pas venu à l'idée de lui adresser une demande ?

Le prévenu : Comment aurais-je pu faire ?

Le magistrat : Mais comme tout le monde ! Avec votre téléphone ! En scannant son visage et en lui envoyant un formulaire par le biais de toutes ces applications que tous les gens normaux aujourd'hui utilisent ! C'est la moindre des choses, non, de procéder ainsi si on veut aborder quelqu'un !

Le prévenu : Je n'ai pas de téléphone.

Le magistrat : Pardon ?

Le prévenu : Vous avez bien compris. Je n'ai pas de téléphone. Je n'ai pas d'ordinateur non plus. Pas de tablette. Rien.

Le magistrat : Vous savez qu'il est rigoureusement interdit de ne pas posséder de téléphone ? Vous aggravez votre cas ! Comment voulez-vous rencontrer des gens si vous vous mettez ainsi en marge de la société ?

Le prévenu : Quand j'étais jeune, dans les soirées, on dansait. On se frôlait. On esquissait des caresses. C'était un jeu. Un jeu consenti. On se regardait longuement. On se dévorait du regard. Il y avait tant de choses dans les regards.

Le magistrat : Vous parlez d'un temps et de pratiques heureusement révolus. Il est tout de même plus sain de contractualiser le désir et l'amour avant leur émergence, comme la loi le prévoit désormais. Il n'y a plus de malentendu. Chacun est clair et sait à quoi s'en tenir. La plaignante affirme également que vous lui avez souri.

LE PRÉVENU : Oui.

LE MAGISTRAT : Vous vous rendez compte de la gravité de votre acte ?

LE PRÉVENU : Non.

LE MAGISTRAT : En regardant aussi intensément la plaignante comme vous le faisiez, ne vous êtes-vous pas aperçu que vous la gêniez, et que cette gêne s'est peu à peu changée en angoisse, et cette angoisse, en peur panique, comme elle l'a déclaré ?

LE PRÉVENU : Je lui souriais. Je la regardais en souriant. Simplement en souriant. Je me suis aperçu qu'elle respirait plus fort. J'ai pensé qu'elle était émue, par mon sourire. Elle évitait mon regard. Ses yeux papillonnaient, mais ils revenaient vers moi. Elle rougissait. Je me suis dit…

LE MAGISTRAT : Vous vous êtes dit ?

LE PRÉVENU : Je me suis dit qu'elle aussi ressentait ce que je ressentais.

LE MAGISTRAT : C'est-à-dire ?

Le prévenu : Un trouble. Une attirance.

Le magistrat : Comment peut-on se tromper à ce point sur ce qu'éprouvent les autres ?

Le prévenu : Avant, c'était comme ça.

Le magistrat : « Comme ça » ?

Le prévenu : Le jeu de la séduction. Des regards. Des sourires. L'autre qui rougit. Qui respire plus fort. Qui fait semblant de regarder ailleurs. Et puis qui regarde tout de même. Qui se met soudain à sourire lui aussi.

Le magistrat : Vous voulez dire que la plaignante vous a rendu votre sourire ?

Le prévenu : Non. Jamais. Elle n'a jamais souri. Quand le métro est parvenu à la station suivante, elle s'est levée en hurlant. Elle s'est précipitée dehors. Je me suis demandé ce qui se passait. Il y avait une patrouille de police, là, sur le quai. Elle s'est jetée sur eux. Je n'ai pas compris tout de suite.

Le magistrat : Le rapport de police dit que malgré l'injonction des fonctionnaires qui vous ont immédiatement interpellé et qui vous ont signifié de fermer les yeux, vous avez continué à regarder la plaignante.

LE PRÉVENU : Vous n'êtes jamais tombé amoureux ?

LE MAGISTRAT : Je ne procède pas ainsi pour tomber amoureux. Je fais comme tout un chacun : je vais sur des sites, je consulte des profils, j'envoie des demandes, j'attends les réponses, je les reçois, je les trie, j'en sélectionne une, j'entre en contact avec la personne, nous signons un contrat sur ce que nous acceptons de faire ou de ne pas faire ensemble, et quand nous sommes d'accord, nous nous rencontrons. C'est tout de même plus simple, non ? Mais de toute façon il n'est pas question de moi, mais de vous. Vous avouez avoir continué à regarder la plaignante alors que les agents des forces de l'ordre vous intimaient l'ordre de cesser ?

LE PRÉVENU : Oui. Elle avait des yeux presque gris. D'un gris très doux tirant vers le bleu. Et une peau pâle. Comme si elle avait eu un peu froid. Des lèvres framboise. Fragiles.

LE MAGISTRAT : Vous la terrorisiez !

Le prévenu : Je souriais. Je lui souriais.

Le magistrat : Vous n'entendiez pas les ordres des policiers ?

Le prévenu : Si. Comme venus d'un autre monde. J'étais dans une bulle. Je ne pouvais pas détacher mon regard. J'étais bouleversé. J'étais heureux. Je n'avais pas été aussi heureux depuis très longtemps.

Le magistrat : Vous souvenez-vous des sommations que vous ont faites les policiers ?

Le prévenu : Peut-être.

Le magistrat : « Peut-être », cela veut dire « oui » pour vous ?

Le prévenu : Si vous voulez.

Le magistrat : Donc, ils les ont bien faites. Vous ne niez pas ce point ?

Le prévenu : Non.

Le magistrat : Les policiers affirment que la plaignante hurlait, qu'elle était terrorisée par votre regard, votre regard qui ne la quittait pas. Ils certifient aussi que vous n'avez pas répondu à leurs trois sommations, et qu'il leur a donc fallu faire usage de leurs matraques électriques pour vous neutraliser. Vous souvenez-vous de cela ?

Le prévenu : Un coup de foudre.

Le magistrat : Pardon ?

Le prévenu : On employait cette expression jadis. Pour désigner l'instant où on tombait brutalement amoureux.

Le magistrat : Vous êtes tombé ?

Le prévenu : Oui.

Le magistrat : Vous avez perdu connaissance.

Le prévenu : Si vous le dites.

Le magistrat : Vous avez repris conscience en cellule de dégrisement.

Le prévenu : J'avais froid. Il faisait froid. Très froid. Je tremblais.

Le magistrat : La plaignante a, quant à elle, été prise en charge par le Samu et dirigée vers l'hôpital. Le médecin qui l'a examinée a dit qu'elle souffrait d'un traumatisme profond et qu'il lui faudrait du temps pour guérir. Vous vous rendez compte des conséquences de votre acte : elle est en arrêt de travail depuis les faits. Son suivi psychologique montre qu'elle est encore fortement ébranlée.

Le prévenu : Moi aussi.

…

Le magistrat : Vous connaissez la peine que vous encourez ?

…

Le prévenu : Non.

…

Le magistrat : Le jury peut prononcer un placement d'office d'un an dans un centre de rééducation, si on vous reconnaît des circonstances atténuantes. Dans le pire des cas, la peine maximale est le sectionnement des nerfs optiques.

Le prévenu : Je m'en moque.

Le magistrat : Vous vous en moquez ?

Le prévenu : Ne plus voir, si on ne peut plus regarder personne, qu'est-ce que vous voulez que ça me fasse ? Il me restera le plus précieux.

Le magistrat : Quoi donc ?

Le prévenu : Le visage de cette femme, assise face à moi dans le métro. Son visage dans ce moment où je me disais qu'elle aussi allait me sourire. J'espérais cela. Et je me disais que si elle me souriait, le métro allait dévier de sa ligne droite, qu'il allait épouser une longue courbe, infinie, une courbe douce qui allait nous permettre de nous échapper de ce monde de cinglés, elle et moi. Pour toujours.

Le voisin*

QUAND CELA AVAIT-IL COMMENCÉ ? Lorsqu'il faisait un effort pour tenter de retrouver la première fois où il avait ressenti cette émotion si particulière, il se perdait dans le continent cotonneux de l'enfance. Il voyait des magasins de souvenirs dans une ville près d'un lac, une foule en short, des enfants par dizaines sous la conduite de jeunes adultes, moniteurs de colonie. Dans sa main, l'argent de poche glissé dans une enveloppe qu'avait préparée sa mère, la somme notée dessus au stylo-bille. Ses camarades achetaient des bonbons, des

* *Zadig* n° 2, 13 juin 2019.

cartes postales. Lui ne regardait que les couteaux. Il aurait pu passer des heures à les détailler, lame, manche, virole. Il comptait ses pièces et ses deux billets, regardait les prix, sélectionnait ceux qu'il pouvait acheter. Il rêvait. Il attendait la prochaine sortie. Il s'endormait le soir avec l'image des couteaux dans les vitrines.

Il n'était pas le seul garçon à être attiré par ces objets. D'autres aussi ne pensaient qu'à cela. Certains en avaient acheté un, mais ils s'en servaient uniquement pour couper des baguettes de noisetier, pour graver des motifs sur l'écorce des arbres, leurs initiales, des cœurs, pour affûter la pointe de flèches.

Quand il eut finalement acheté son premier couteau, il en fit un autre usage. Un usage, d'ailleurs, auquel il n'avait jamais pensé auparavant, mais qui lui vint dès la première nuit, quand les moniteurs eurent éteint les lumières et ordonné le silence. Le dortoir s'était tu. La lumière de la lune entrait par les hautes fenêtres de la pièce, qui jadis avait été le réfectoire d'une maison de retraite. Il avait placé le couteau sous son oreiller. Il garda les yeux ouverts. Il y eut quelques rires, des chuchotis, et bientôt tous les garçons s'endormirent, épuisés par la journée de plein air et de jeux. Tous, sauf lui.

Il savait le couteau sous son oreiller et cela lui procurait une grande sérénité. Une forme de bien-être qu'il ne connaissait pas. Il le prit dans la main, déploya sa lame. Il le tendit devant lui. Un éclat de lune tomba sur le tranchant de métal. Il se leva. Il lui fallait marcher. Le dortoir était paisible. Il passa entre les lits. Il avançait pieds nus, silencieux. Ses camarades dormaient parfois dans des positions étranges, le corps vrillé en d'incroyables torsions, les couvertures et les draps rejetés sur leurs pieds comme s'ils venaient de se battre. Quelques-uns pourtant ressemblaient à des gisants, les bras le long des flancs, la tête posée sur l'oreiller, comme arrangée impeccablement par un employé de salon funéraire. Ils respiraient paisiblement.

L'un était un garçon maigre avec lequel il aimait jouer. Son prénom lui revint : Martial. Il s'approcha de lui, le couteau à la main. Il le regarda dormir, un long moment. Sa poitrine se soulevait avec régularité. Sa bouche était entrouverte. Son cou ressemblait à celui d'une volaille. De part et d'autre de la pomme d'Adam, on pouvait distinguer des veines dans lesquelles le sang battait.

Il approcha la pointe de son couteau de la veine la plus saillante. Le couteau était neuf. Son tranchant, qu'il avait vérifié en coupant en deux une feuille de papier, extraordinaire. Il s'arrêta à deux centimètres de la veine de son camarade. Il aurait suffi alors d'un geste vif pour que le couteau s'enfonce dans la gorge de Martial, qu'il tranche la veine, d'autres canaux invisibles aussi, que le sang jaillisse, en flots nourris, et que Martial meure en quelques secondes, dans le silence du dortoir, sans que personne ne se rende compte de rien. Il aurait nettoyé le couteau sur le drap, serait retourné dans son lit, aurait replacé le couteau sous l'oreiller, se serait endormi.

Mais il prit soudain peur car dans son pyjama son sexe s'était dressé. Il était devenu dur et droit, comme un petit os.

Cela ne lui était jamais arrivé. Était-il malade ? Allait-il mourir ?

Il était toujours à côté du lit. Martial dormait. Il se toucha le bout du sexe avec les doigts. Cela lui procura un plaisir inconnu, agaçant et vertigineux. Il continua à frotter, tenant toujours le couteau près de la gorge de son ami. Soudain, il ressentit une douleur délicieuse dans le sexe et un liquide en jaillit, poisseux, blanchâtre, engluant ses doigts et son pantalon de pyjama. Il étouffa un cri et se précipita dans son lit. Terrorisé. Que lui arrivait-il ?

Oui, ce devait être cela, la première fois qu'il avait ressenti tout à la fois le plaisir violent de pouvoir donner la mort et finalement de ne pas le faire, de décider d'épargner un être humain qui ne saurait jamais qu'il était passé à deux doigts de la fin, la première fois aussi qu'il avait découvert la jouissance que son sexe pouvait lui procurer. Par la suite, il y avait eu d'autres occasions, presque identiques. Une dizaine au cours de sa vie. C'était peu, en somme, mais c'était mieux ainsi, car le plaisir ne s'usait pas.

*

Lors d'une campagne pour l'élection présidentielle, il avait tenu dans sa ligne de mire un candidat pendant près d'une minute, lors d'une prise de parole qui se déroulait en plein air. Il avait minutieusement préparé son action et avait utilisé la tenue et les filets de camouflage qui d'ordinaire lui servaient pour chasser les canards. Il avait pris position la veille dans un épais fourré qui jouxtait un bois de charmes. La tribune était à deux cent soixante mètres, comme le lui avait indiqué son télémètre. Le service de sécurité n'avait pas cru bon d'inspecter les alentours. On imaginait sans doute que le risque dans une zone agricole comme celle-ci était nul, les attentats se commettant plutôt en milieu urbain. Les gardes du corps et les policiers étaient au plus près de celui qu'ils devaient protéger. Quelques gendarmes surveillaient la centaine de personnes rassemblées là. L'ambiance était bon enfant.

Il avait pris sa carabine, une Merkel RX Helix, calibre 7 × 64, équipée d'une lunette Swarovski Z6i en 1,7-10 x 42. Trois balles dans le chargeur, une autre dans la chambre. Le candidat était arrivé à l'heure, sous les applaudissements. Il avait commencé son discours, sans micro. Du fourré où il était caché, il entendait mal ce qu'il disait. De toute façon cela ne l'intéressait guère. Il se mit en position. Parfaitement calée, son arme était rigoureusement immobile. Il régla la lunette sur le grossissement le plus fort, ouvrit le réticule lumineux. Un point rouge apparut au centre de la cible matérialisée par deux traits noirs d'une extrême finesse et d'une grande beauté.

Il promena le point rouge sur le torse du candidat qui portait une chemise bleu pâle, une cravate sombre tricotée, un costume noir. Le point rouge dansait comme une guêpe. Il le laissa glisser sur l'épaule, revenir sur la joue, passer sur le front, chuter vers le cœur. Il se concentra et maîtrisa sa respiration, apprivoisa le point rouge et le fixa sous l'œil gauche du candidat. Il enleva la sécurité avec son pouce droit, plaça son index sur la queue de détente, qu'il avait réglée à son minimum de résistance de façon à ce qu'une très faible pression suffise à faire partir le coup. Le point rouge avait chuté d'un centimètre. Il le replaça lentement à l'endroit exact qu'il avait choisi.

Il cessa de respirer.

Il retint son souffle près d'une minute.

Pendant cette minute, il sentit la caresse métallique de la queue de détente sur la pulpe de son index. Il aurait suffi d'un rien, un léger mouvement de sa dernière phalange, pour que le coup parte, que la balle, propulsée à une vitesse de plus de huit cents mètres par seconde, atteigne en une vingtaine de centièmes de seconde le candidat, pénètre sous l'œil, explose l'os, traverse le cerveau en le trouant d'un tunnel parfait, ressorte à l'arrière du crâne en créant un trou béant, emportant avec elle une bouillie de matière cérébrale et d'esquilles. Le candidat n'aurait pas eu le temps de crier, pas plus que son entourage. Il aurait basculé à terre, en arrière, propulsé par l'impact. Une grande tache rouge aurait alors commencé à apparaître autour de sa tête. Les premiers hurlements se seraient élevés de la foule.

Il avait lentement ôté l'index de la queue de détente, enclenché la sécurité, respiré de nouveau, éteint le point rouge. Il avait ensuite déverrouillé la culasse, récupéré la balle logée dans la chambre, enlevé le chargeur. Le candidat terminait son propos. Il y eut des applaudissements. Il salua le public, descendit de l'estrade, serra quelques mains. Quelques minutes plus tard, il s'en alla avec son équipe, en convoi dans quatre berlines identiques.

Il resta caché dans le fourré quelques heures encore, et n'en sortit que lorsque la nuit commençait à tomber. Quand il rentra à la maison, sa femme était à la cuisine. Elle lui demanda comment s'était passée sa partie de chasse. Il posa l'étui de sa carabine contre le réfrigérateur. Son sexe était en érection depuis des heures, depuis le moment où il avait mis en joue le candidat. Il s'approcha de sa femme, lui souleva sa jupe. Elle protesta un peu, disant que le dîner était prêt. Il lui arracha sa culotte, lui écarta les cuisses, lui mouilla le sexe avec de la salive déposée dans sa paume, fit tomber son pantalon, la pénétra d'un coup. Il fit quelques va-et-vient brutaux et éjacula aussitôt. Un long feu l'envahit. Comme un tison qu'on aurait enfin retiré de sa verge.

Quelques semaines plus tard, le candidat devint président de la République. À chaque fois qu'il le voyait à la télévision, il repensait à ce moment dans le fourré, cette fin d'après-midi d'avril aux odeurs de feuilles et de mousse, au minuscule point rouge se fixant sous l'œil gauche de celui qui désormais dirigeait le pays, et qui ne savait pas qu'il était encore en vie grâce à lui.

*

Il courait trois fois par semaine. En forêt, sur un sol souple, de terre meuble et d'humus. Un parcours de trois kilomètres avait été aménagé pour les joggeurs et les marcheurs près de la ville. Il comportait des stations où ceux qui le voulaient pouvaient faire des mouvements de gymnastique, des étirements, qui étaient expliqués sur des panneaux pédagogiques. Il le parcourait trois fois, toujours à la même allure, en un peu plus de quarante-cinq minutes. De temps à autre, il jetait un œil sur sa montre : ses pulsations restaient stables, à cent cinquante-cinq par minute. C'était en quelque sorte son allure de croisière.

En hiver, la forêt ressemblait à un alignement d'armatures aux lignes tortueuses comme tressées avec des fils de fer et qui attendaient qu'une main géante les recouvre de plâtre ou de glaise. Il était souvent seul à y courir, d'autant qu'il attendait les derniers moments du jour pour s'y rendre. Il aimait ces heures du crépuscule où l'ombre peu à peu se pose sur la terre, où les figures disparaissent, où le froid semble prendre comme un ciment. En été, régnait dans le même endroit une touffeur tropicale égayée de multiples chants d'oiseaux. Le ciel n'était plus visible qu'au travers des entassements de feuilles qui prenaient toutes les nuances de vert. Les fourrés devenaient denses comme des barbes immenses. Sa foulée résonnait davantage sur le sol qui s'asséchait.

Il croisait des familles, des sportifs occasionnels, d'autres qui s'entraînaient en groupe pour il ne savait quelles épreuves. C'était de loin la saison qui lui plaisait le moins.

L'automne était là. Octobre en son début, tout en rousseur, de pluie de lumière oblique qui traversait les arbres, flûtait les troncs immenses, de feuilles qui progressivement perdaient leur acide verdure pour s'embraser en des rouges sanguins, des ocres blonds, des pourpres sourds. La forêt vivait ses derniers jours de chaleur, mais le froid déjà s'imposait çà et là, dans les fourrés ombrés, dès la fin du jour. On le sentait poindre sa morsure, happer peu à peu la tiédeur, répandre dans le creux des mares des fumerolles et des brumes.

Il faisait bon encore. C'était un mardi. Il en était à sa deuxième boucle. Il venait de prendre le virage qui débouchait sur une grande allée de cinq cents mètres qui commençait par une pente légèrement descendante puis remontait dans sa deuxième moitié en un long faux plat. Elle était bordée de hauts chênes, et contrairement au reste du parcours, le sentier alors était moins large.

Au loin, à l'autre extrémité de l'allée, il crut distinguer un mouvement et une couleur, lumineuse, fluorescente. Peu à peu, à mesure qu'il avançait, le point grossit et devint une silhouette, dont les contours flottaient et vibraient comme si elle était insérée dans un mirage. Puis le dessin se précisa, de même que la couleur, un jaune vif, la silhouette grandit, s'affina, s'affirma, se dépouilla de son tremblement incertain.

C'était une femme, vêtue d'un collant et d'un maillot de la même couleur qui épousaient ses formes, pas de hanches, pas de poitrine. Elle n'était plus qu'à une quinzaine de mètres, cheveux courts, roux, mi-longs, retenus par un bandeau en éponge. Un corps d'enfant de douze ans. Un visage souriant, la quarantaine. Ils se dirent bonjour comme se disent bonjour tous les joggeurs qui se croisent. Un parfum de violette. Elle était passée. Tout en continuant sa course, il se retourna de temps à autre pour la regarder s'amoindrir, rapetisser. Elle avait une foulée ample. Elle courait les poings serrés, les avant-bras parallèles au sol, le dos droit. Elle tourna à l'angle de l'allée. Elle disparut.

Les jours passaient, et quand il allait courir après son travail, il croisait souvent celle qu'il avait simplement surnommée « la coureuse ». Toujours au même endroit, dans ce milieu de la grande allée, et toujours dans la deuxième boucle de son parcours. Il en conclut qu'elle arrivait après lui, faisait un seul tour, puis repartait. Elle devait avoir les mêmes horaires, avec un tour de décalage, et courait sans doute à la même allure que lui.

Elle portait toujours la même tenue jaune citron. Il voyait apparaître au loin le petit feu follet acidulé qui se détachait du fond obscur de la forêt, grandissait à mesure, devenait forme, silhouette, corps menu, visage, sourire. Ils se saluaient en se souriant davantage, mais sans s'arrêter, sans ajouter un seul mot. Il respirait le parfum de violette, se retournait pour la voir au moment où elle disparaissait à la fin de l'allée.

Il faisait encore beau même si le jour tombait plus vite, comme les feuilles qui de plus en plus nombreuses s'amassaient sur le sol en une couche soyeuse qui voletait et gémissait sous les pas. Il était le seul à courir en fin de journée. Tous les autres avaient rangé leur équipement ou préféraient des horaires moins tardifs. La seule qu'il croisait encore était la coureuse.

Il ne comprenait pas, d'ailleurs, son choix d'une heure aussi tardive, dans une forêt dorénavant totalement infréquentée. Ne se rendait-elle pas compte du risque qu'elle prenait ? Les faits divers relatant la mort ou le viol de joggeuses solitaires ne manquaient pas. Plusieurs affaires sordides avaient eu lieu ces dernières années, dont les victimes étaient des femmes courant sur de petites routes de campagne, des chemins déserts. Il aurait aimé le lui dire, lui adresser la parole, la mettre en garde. Mais comment aurait-elle pris la chose ? Il aurait senti une forte gêne à interrompre sa course et la sienne, au milieu de l'allée. Qu'aurait-elle pensé ? Qu'il cherchait à la courtiser ?

Il en avait parlé à son épouse. Elle lui avait répondu que bien des femmes étaient inconscientes du danger, qu'elles ne se rendaient pas compte, qu'elles s'imaginaient que tout cela n'existait que dans les films, les romans policiers, les journaux. Elle avait terminé en lui disant qu'elle avait bien de la chance cette coureuse, comme il l'appelait, de tomber sur lui et pas sur un malade. Il avait répondu oui, qu'elle avait raison.

Il se surprenait à attendre le dernier virage de la grande allée lors de sa deuxième boucle, et les fois où il n'apercevait pas au loin le petit point jaune, il en était déçu. Par contre, quand il le distinguait, il ressentait une chaleur subite dans le ventre et quand il regardait sa montre, il constatait que sa fréquence cardiaque augmentait, passait à cent soixante, cent soixante-dix, à mesure que la coureuse et lui se rapprochaient, et il sentait à chaque foulée son cœur cogner de plus en plus fort, comme le ferait un prisonnier sur la porte de sa cellule.

Quand ils se croisaient, souffle bref, pommettes roses, se frôlaient et se disaient bonjour, les pulsations atteignaient le chiffre de cent quatre-vingt-quinze, puis très vite le rythme ralentissait, redevenait normal, en même temps qu'il sentait ses jambes vaciller légèrement, comme s'il avait un peu bu ou s'était enivré du parfum de violette bientôt dissipé dans l'air immense du sous-bois.

C'est vers ce moment qu'il trouva par hasard le couteau. En ouvrant un tiroir de son bureau. Il était là, sous un entassement de vieilles factures. Il pensait l'avoir perdu depuis des années. C'était un couteau à cran d'arrêt, dont la lame se rétractait dans le manche de Bakélite grise qui imitait la corne et jaillissait dans un cliquettement métallique si on appuyait sur un petit bouton situé sur le plat du manche, près de la garde.

Il actionna plusieurs fois le mécanisme. Clac. C'était un couteau de mauvais garçon, fait pour porter des coups, pour s'enfoncer dans les chairs, percer la peau, les muscles, les veines. Pas pour trancher. Ses bords étaient peu affûtés, mais la pointe était fine comme une aiguille. Quand il avait vingt ans, ce genre de couteau apparaissait souvent dans les bagarres entre voyous dont la presse rendait compte. Il avait fini par y acquérir une certaine notoriété et fait plusieurs victimes, ce qui avait conduit à son interdiction. Il le glissa dans sa poche, heureux d'avoir retrouvé un vieux compagnon.

Il eut beaucoup de peine à dormir cette nuit-là. Il se releva et descendit à la cuisine pour boire un verre d'eau. Sa femme, qui s'était rendu compte de son absence, descendit le rejoindre. Elle lui demanda si tout allait bien. Il répondit que oui. Le travail, simplement. Un dossier délicat qu'il devait boucler. Il n'avait pas allumé la lumière dans la cuisine. Seule celle du couloir éclairait la pièce. Sa femme était accoudée dans l'embrasure de la porte. Elle portait une chemise de nuit en satin, courte et fine. Ses cuisses étaient légèrement écartées et la lumière passant à travers l'étoffe rendait visibles les poils de son sexe, frisés, sombres, denses, longs. Il en connaissait par cœur le dessin, la texture, la douceur, le parfum et le goût. Subitement, il songea à la coureuse. Comment était son sexe ? Épilé ? Rasé ? Sauvage ? Ses poils étaient-ils roux comme ses cheveux, plus clairs, plus fins ? Quelle était son odeur ? Sa chaleur ? Que ressentait-on en la pénétrant ? Une tiédeur ? Une brûlure ?

Il termina son verre et rejoignit sa femme qui était remontée dans leur chambre.

Le lendemain, quand il prépara sa tenue pour aller courir après le travail, il glissa le couteau dans son sac. Il le fit sans réfléchir. Sans savoir dans quel but il faisait cela.

La journée lui parut interminable. Il consultait sa montre tous les quarts d'heure. Il ne parvenait pas à se concentrer. Il relisait trois fois les mêmes lignes d'un document. Enfin, ce fut l'heure de partir. Il prit sa voiture, mit une trentaine de minutes pour rejoindre le parking de la forêt. Il était seul. Il se changea dans l'habitacle, comme il en avait l'habitude. Il saisit le couteau, le regarda longuement, fit jouer le mécanisme, rangea la lame, fit jouer de nouveau le mécanisme. Il le serra dans sa main gauche. Quand il fermait le poing, le couteau disparaissait entièrement : une partie du manche dans sa paume, l'autre partie dans l'élastique de son coupe-vent. Et il lui suffisait de glisser son pouce sur le bouton pour que la lame surgisse, magiquement, comme si elle jaillissait de ses doigts ou en était le prolongement. Il sortit de sa voiture, verrouilla les portes et se mit à courir.

Ce soir-là, il ne croisa pas la coureuse.

Pas plus que le lendemain.

Pas plus que le jour suivant.

Il venait désormais chaque jour dans l'espoir qu'au détour du dernier virage avant la grande allée, durant sa deuxième boucle, il aperçoive soudain au loin le fragile point jaune, presque irréel. Ses pulsations s'accéléraient, il abordait le virage, ne regardait pas immédiatement l'horizon, gardait encore les yeux baissés pour sentir son cœur cogner, relevait la tête, fouillait le lointain. Rien. Son cœur reprenait son rythme coutumier.

Octobre finissait et il était vraiment le seul à venir sur le parcours. Les températures avaient baissé. Un vent du nord dépouillait les arbres de leurs feuilles mortes, à coups de bourrasques têtues. La forêt prenait un aspect lugubre, et le ciel au-dessus des formes décharnées des futaies roulait des nuages bas et gris. On n'entendait rien d'autre que les feulements du vent, le craquement des lourdes branches balancées et le cri des corneilles qui, en bandes, allaient de cime en cime. Quand il courait, il remuait des brassées de feuilles qui voletaient en propageant des bruits chuintants de papier qu'on froisse et déchire. Il continuait à prendre le couteau, qu'il serrait dans sa main gauche. Il n'y songeait même plus et avait parfois l'impression de tenir dans sa paume un morceau de bois ou une grande clé.

Un jour, au milieu de la première semaine de novembre, il arriva sur le parking, se changea et hésita à sortir. La pluie s'était mise à tomber. Fine et froide. Il resta un instant indécis, puis finit par se dire qu'il était ridicule d'être venu jusqu'ici pour ne rien faire. Il coiffa sa casquette, ferma son coupe-vent. Il prit le couteau, mais dès qu'il l'eut dans la main, il en ressentit de la gêne. Il haussa les épaules et le lança dans le vide-poche. À quoi bon, désormais ? Il avait presque fini par oublier les traits de la coureuse. Il se demandait même parfois s'il ne l'avait pas rêvée.

Mais quand il fut dehors et commença à enchaîner les premières foulées, il ne fut pas à l'aise. Il lui manquait quelque chose. Il sentait comme une sorte de déséquilibre, qui le faisait pencher du côté droit. Sa main gauche lui paraissait curieusement légère. Le couteau lui manquait. Un simple couteau, qui ne pesait rien mais dont il avait fini par apprécier la présence. Il revint à la voiture et prit le cran d'arrêt. Il se sentit aussitôt mieux. Il s'élança.

Courir le détachait du monde. Il ne pensait à rien d'autre qu'à l'effort qu'il était en train de produire. Il ressentait son corps comme un mécanisme dont la course lui faisait apprécier la complexité et l'utilité de chaque composant. Le plaisir qui naissait provenait de cela, de cette connaissance de son organisme que la course lui procurait, et aussi des minutes qui succédaient à l'effort, quand le corps paraissait avoir été chauffé, malaxé, pétri, et qu'il se détendait soudain en se relâchant.

Cent cinquante-cinq pulsations. Allure de croisière. Il venait de finir la première boucle. Il avait couru les yeux rivés au sol, à la fois pour déjouer les pièges et pour s'oublier, pour ne pas se laisser distraire par le paysage.

La forêt exhalait des odeurs de cimetière, de fleurs fanées, de couronnes mortuaires délavées par les premiers gels et les pluies. Le sentier était un peu glissant. Des feuilles par paquets se collaient de temps à autre sous la semelle. Le ciel s'était ouvert à l'ouest et une lumière oblique, blanche et crue, tombait sur les arbres dont les troncs luisaient sous la pluie qui n'avait pas cessé. Un coup d'œil involontaire à sa montre, cent soixante-cinq pulsations, lui indiqua précisément l'endroit où il se trouvait. Il approchait du virage précédant la grande allée. Il ralentit son allure pour ne pas glisser en tournant, le sol était transformé en une mare boueuse à cet endroit. Quand il sortit du virage, il retrouva un sentier plus dense, celui de l'allée, il leva les yeux.

Il la vit immédiatement. Davantage visible dans ce crépuscule lugubre que plus tôt dans la saison. Insecte mouvant d'un jaune criard qui se détachait sur la masse éteinte des arbres. Son pouls s'accéléra et sa main gauche lui sembla subitement d'une lourdeur extraordinaire. Le couteau devint une masse pesante qui, dans le même temps, paraissait lui délivrer des ondes électriques qui agaçaient tous ses nerfs. Au loin, le point était devenu silhouette. C'était elle, à n'en pas douter. C'était la coureuse. Sa gorge s'assécha. Son cœur frappait de plus en plus fort et de façon de plus en plus rapprochée.

Ils se dirigeaient l'un vers l'autre, comme dans un ralenti cinématographique, sur l'étroit sentier. Inéluctablement, comme mus par le seul et même destin qui avait écrit que, ce soir-là, ils se rencontreraient de nouveau. Une centaine de mètres les séparaient désormais. Il reconnaissait l'allure, sautillante, légère, les vêtements, le collant et le maillot en Lycra d'un jaune acide et fluorescent, le corps menu, enfantin, le bandeau enserrant les cheveux roux. Cent quatre-vingts pulsations. Soixante mètres. Il commençait à percevoir ses traits. Il lui sembla qu'elle souriait. Oui, elle souriait. Il serra le couteau dans son poing. Attendre encore. Attendre. Ne pas faire trop tôt jaillir la lame. Attendre d'être juste à sa hauteur, deux mètres avant peut-être. Attendre. Il ralentit son allure, imperceptiblement. Trente mètres. Il commençait à entendre le bruit de sa foulée, le souffle de sa respiration, plus forte que d'habitude. Il voyait son visage se dessiner avec précision, son sourire, ses joues rosies par l'effort et le froid. Cent quatre-vingt-quinze pulsations. Le couteau. Attendre les deux derniers mètres. La regarder droit dans les yeux, lui sourire, surtout lui sourire. Faire jaillir la lame. Attendre d'être sur le point de la croiser. Voilà. Ne pas quitter son regard. Frapper. Une fois. Au ventre. La laisser s'empaler sur la lame. Stopper net sa course. Voir son visage perdre son sourire, ses yeux s'effondrer vers le poing et l'arme, revenir vers lui comme une grande question. Frapper de nouveau. Au même endroit. Deux cents pulsations. Encore et encore. Très vite la saisir par le cou, avec le bras droit, et la traîner hors de l'allée, la pousser à terre, se ruer sur elle, tandis qu'elle bat des jambes. Déchirer son collant avec la pointe du couteau. Aller vite. Ne pas perdre de temps, quitte à la blesser, à l'érafler. Voir apparaître ses cuisses d'une blancheur d'opale, sa culotte. L'arracher. D'un coup. Découvrir son sexe. Ses poils fins, presque inexistants, infimes filaments d'un roux pâle plaqués sur la peau. Pointer la lame du couteau sous sa gorge. Faire glisser son pantalon de jogging. Sortir la queue du slip, la queue dure à exploser. Deux cent dix pulsations. Lui écarter les cuisses et la pénétrer avec rage, d'un coup. Forcer son sexe sec. Se frotter à ses parois de pierre. Raboter sa queue contre. La violer en gémissant tandis que son ventre saigne, que ses yeux perdent tout éclat, qu'ils se voilent, se révulsent, que ses lèvres tremblent, s'entrouvrent, soupirent. Éjaculer en elle. Deux cent vingt pulsations. Hurler. Hurler. Serrer le couteau comme pour le broyer.

Trois mètres seulement les séparaient. Il sentait déjà son parfum de violette. Elle souriait. Elle semblait avoir froid. Elle semblait heureuse de le croiser. Il la regardait dans les yeux. Il fit jaillir la lame du couteau. Ce fut comme un électrochoc. Elle ne quitta pas ses yeux. Elle ne vit pas la lame. Elle souffla. Elle paraissait plus fatiguée que d'ordinaire. Deux cent vingt-cinq pulsations. Leurs bonjours se croisèrent en même temps qu'eux. La lame du couteau passa à cinq centimètres de son ventre. Elle ne la vit pas. Elle n'en sut jamais rien. Tourbillon de violette. Deux cent trente pulsations. Elle s'éloigna. Il tituba. Elle lui cria sans se retourner qu'ils se reverraient l'année prochaine, aux beaux jours. Il entendait sa voix pour la première fois. Il lança que oui, aux beaux jours. Elle s'effaça dans le lointain brumeux de l'allée. Il entra dans le sous-bois, s'effondra sur le sol, les bras en croix. Il resta ainsi de longues secondes, luttant contre une nausée violente, le couteau et sa lame toujours sortie dans sa main gauche.

La pluie venait sur son visage. Son sexe lui faisait mal tant il était dur. Il était temps d'en finir. Il baissa son pantalon et son slip, empoigna sa queue. Il la serra dans sa main droite, aussi fort que le couteau dans la main gauche. Il la maltraita en gémissant comme s'il voulait l'arracher de son corps. Il serra plus fort encore le couteau, sans même se rendre compte qu'il serrait désormais la lame et que celle-ci avait entaillé sa paume d'où coulait un sang clair. Il sentit un immense éclair frapper ses testicules et filer dans sa queue dressée sous la bruine. Il eut l'impression d'être précipité du haut d'une falaise, de se noyer et de se dissoudre dans de la lave, d'être fouetté par une ligne à haute tension, de disparaître dans un bain d'acide. L'odeur savonneuse de son sperme qui sourdait de son gland en jets drus se mêla à celle des feuilles trempées qui commençaient à se corrompre.

Il ferma les yeux et fut secoué de sanglots.

Il vomit.

Il resta là une demi-heure peut-être.

Puis il finit par se relever quand autour de lui la nuit achevait d'éteindre le jour.

Il eut l'impression d'avoir mille ans.

*

Grâce à des explications fournies par des sites djihadistes sur le darknet, il parvint en deux mois à fabriquer deux kilos d'explosif. Par le même biais, il apprit comment mettre au point un système de mise à feu. Il prit ensuite son temps pour choisir dans de grandes surfaces de bricolage cinq kilos de boulons et de vis, privilégiant ceux qui lui parurent les plus lourds, ou ayant des formes vives, inquiétantes, acérées et pour lesquels il se persuada qu'ils pourraient provoquer des blessures mortelles ou en tout cas atroces, entaillant les chairs, meurtrissant, arrachant des membres, défigurant de beaux et doux visages.

Dans une vieille veste de drap qu'il ne portait plus, il découpa de larges bandes qu'il cousit ensemble, confectionnant ainsi une ceinture dans laquelle il put placer l'explosif et la mitraille, ainsi que le détonateur relié par deux fils électriques à un bouton-poussoir. Il ajusta la ceinture autour de sa taille. Quatre boutons la fermaient. Il passa une chemise ample par-dessus. Il se regarda dans un miroir. Il ressemblait à un homme ordinaire, doté d'un ventre imposant. Rien de très particulier. Un buveur de bière. Il se dit pourtant qu'ainsi il devenait une bombe humaine.

Il s'entraîna à la porter en ayant pris soin préalablement d'ôter le dispositif de mise à feu. Il voulait s'habituer à elle, marcher ainsi vêtu avec le plus grand naturel. Il finit par se faire à son poids. Par aimer le contact rugueux de la toile sur sa peau nue. Il parvenait à sentir les arêtes des boulons, les pointes des vis au travers du tissu. Quand après plusieurs heures il enlevait la ceinture, il ressentait un manque. Sa peau était rouge par endroits, irritée, scarifiée. Il songeait aux saints, aux martyrs, aux mortifications. Son sexe à chaque fois était dur et tendu. Sa femme n'en savait rien. La plupart du temps, il rejoignait le lit quand elle dormait déjà, et lorsqu'ils faisaient l'amour, c'était le plus souvent dans l'obscurité, sans que ni l'un ni l'autre n'échangent la moindre caresse. Cela ne durait que quelques minutes. Il avait toujours joui très vite. Et il lui semblait que sa femme, quant à elle, n'avait jamais eu de plaisir.

Il commença à songer à un objectif, hésita entre plusieurs. L'été approchait. Il finit par choisir le 14 Juillet. Sa femme était partie en vacances depuis cinq jours. Il devait la rejoindre à la fin de la semaine. Son travail l'occupait encore. Dans la grande ville la plus proche de son domicile, un feu d'artifice était programmé à vingt-trois heures sur la place principale. Celle-ci pouvait accueillir près de huit mille personnes.

À vingt heures, il commença à se préparer. Il prit une douche, longuement. Il laissa couler l'eau brûlante sur son crâne et ses épaules. Quand l'eau roulait sur sa peau mise à vif par la ceinture, il éprouvait une douleur agréable. Il se rasa avec soin, se coupa les ongles des mains et des pieds, s'enduisit le visage d'une crème hydratante que sa femme lui avait achetée quelques semaines plus tôt et à laquelle, contre toute attente, il avait pris goût. Dans sa garde-robe, il choisit un pantalon en lin, ample, et une chemise de la même matière et tout aussi ample. Il enfila un slip noir. Passa le pantalon. Il noua la ceinture dont il avait fini par apprécier le poids, mais surtout la menace effroyable qu'elle incarnait. Il boutonna sa chemise par-dessus. Il était pieds nus. Il chaussa une paire de mocassins, en daim souple, dans lesquels il se sentait particulièrement à l'aise. Il se regarda dans un miroir. Il ressemblait à un estivant, élégant quoiqu'un peu ventru. Un homme occidental, trop nourri, représentatif de son époque de suralimentation et de mollesse. La ceinture était invisible.

Lorsqu'il arriva sur la place, la foule était déjà nombreuse. Il était vingt-deux heures. Le ciel à l'ouest gardait encore une lactescence bleutée tandis que les premières étoiles apparaissaient sur la voûte, comme des clous d'argent fichés dans un derme sombre. Il faisait bon. Le visage des gens reflétait le bonheur d'être là, ensemble, par un soir d'été paisible. On entendait des musiques venues de dix endroits et qui se rencontraient en confondant leurs notes, produisant une curieuse mélodie. Les enfants agitaient des bracelets fluorescents. Des lampions s'allumaient çà et là. Des couples s'enlaçaient et s'embrassaient.

Il marcha au hasard, cherchant un endroit où il pourrait se tenir. Il était bientôt vingt-trois heures. Le feu d'artifice allait commencer de façon imminente, et sans qu'il s'en rendît compte, il se retrouva coincé dans la foule qui était devenue compacte. À peine avait-il réalisé cela qu'il se trouvait contre d'autres corps, pressés les uns contre les autres et qui ne lui donnaient plus aucune possibilité de se mouvoir. Mais après tout, là ou ailleurs, quelle importance ?

Il regarda ses voisins immédiats. À sa droite, une femme, blonde, sans âge, avec les cheveux ramenés en arrière et emprisonnés dans une queue-de-cheval, les épaules nues, ses gros seins libres, sans soutien-gorge, sous un débardeur orange qui les moulait et faisait saillir leur téton.

Une jupe à volants, des hauts talons rouges. Un dauphin tatoué sur la cheville gauche et une sirène sur l'omoplate. Son mari, petit et nerveux, tirant sans cesse sur sa cigarette électronique qui répandait un immonde parfum synthétique de cannelle et de framboise. Leurs enfants, entre huit et douze ans, trois, avec chacun une énorme barbe à papa rose dans la main. À sa gauche, deux jeunes filles, grandes et laiteuses, parlant une langue étrangère qu'il ne reconnaissait pas, scandinave sans doute. Elles avaient le même teint, le même profil, le même regard. Deux sœurs. Toutes deux étaient habillées de la même façon, jean, chemisier blanc, ballerines. Devant lui, un couple de retraités qu'il dépassait de deux têtes. L'homme, chauve, en chemisette à carreaux, bermuda et sandalettes, serrait contre lui une sacoche. Il avait des mollets glabres, ourlés de varices méandreuses. Sa femme, obèse, dans une robe d'été qui ressemblait à une blouse de ménagère, respirait avec peine, comme si elle avait de l'asthme. Derrière lui, enfin, un groupe d'une dizaine de jeunes adolescents qui portaient le même tee-shirt mauve sur lequel on pouvait lire « Jésus est vivant ». Un homme, peut-être un prêtre, semblait être leur responsable. La quarantaine. Les cheveux blonds séparés par une raie impeccable sur le côté. De fines lunettes cerclées d'or. Une chemise beige boutonnée jusqu'au cou.

Ce seraient donc elles les premières victimes. Celles qui n'avaient aucune chance de survivre. Il avait calculé la puissance de sa charge explosive selon les barèmes fournis par les sites sur lesquels il avait trouvé les tutoriels : il apparaissait que toutes les personnes présentes dans un rayon de vingt mètres autour de lui connaîtraient une mort certaine, et que celles qui se trouvaient au-delà, dans un rayon de soixante mètres, seraient blessées sérieusement, auraient des membres arrachés, seraient défigurées, ou farcies d'une partie de la mitraille qu'il portait dans sa ceinture. Plusieurs sans doute, après avoir survécu quelques jours, décéderaient.

Compte tenu de cela, de la densité de la foule, de l'endroit où il se trouvait, un rapide calcul lui permit de savoir que le déclenchement de sa ceinture devrait entraîner la mort de quatre-vingts personnes environ et faire des centaines de blessés. Il en ressentit une splendide ivresse.

Vingt-trois coups sonnèrent à la cathédrale. Les lumières de la place s'éteignirent. Une immense clameur monta de la foule et les regards se tournèrent vers le ciel. On entendit soudain un sifflement, celui de la première fusée, dont les regards cherchèrent en vain à suivre la trajectoire dans l'obscurité et qui explosa à quelque deux cents mètres au-dessus de la place, déployant une gerbe scintillante de flammèches rouges et jaunes qui formèrent une immense ombrelle, avant de chuter au ralenti, en changeant de formes et de couleurs, devenant des myriades de lucioles argentées qui finirent par s'éteindre dans l'obscurité. Une musique symphonique s'éleva dans l'air, en même temps qu'on entendait les sifflements d'autres fusées qui partaient de leur pas de tir.

Dès la première explosion, il avait déverrouillé la sécurité du détonateur et fait glisser dans sa main le bouton-poussoir. Désormais, il tenait dans le creux de sa main la vie d'une centaine de personnes qui regardaient le ciel et les lumières, bouche bée, tout à leur bonheur immédiat, sans savoir que leur mort était là, prête, programmée, qu'ils ne pouvaient rien y faire et qu'elle les cueillerait sans même qu'ils s'en rendent compte.

Jamais il n'avait à ce point senti son importance et son pouvoir. Il ne s'agissait pas en l'espèce de décider de supprimer ou pas une existence, comme il l'avait déjà éprouvé par le passé, mais d'agir massivement, de pulvériser des corps et des destins, à commencer par le sien, de les mêler dans le même instant létal, de supprimer les inégalités, les âges, les parcours de vie, pour les fondre dans une épiphanie unique. Il lui sembla que, tandis que le ciel s'étoilait de quantité de figures et d'arabesques, de poudroiements multicolores, de panaches vertigineux, de queues de comètes, de gerbes et de poussières aveuglantes, de l'or en fusion coulait dans ses veines.

Sa voisine de gauche s'était rapprochée de lui. Il sentait son sein peser contre son bras. Il émanait d'elle des relents de parfum bon marché, saturé de sucre, mais aussi une troublante odeur de sueur qui venait de ses aisselles. Elle leva les bras pour désigner à son mari un champignon bleu dans le ciel. L'odeur âcre et poivrée se fit plus forte encore. Il la huma à pleins poumons en découvrant des poils noirs qui repoussaient sur la peau et qui le firent songer à des piquants d'oursin.

Dans sa main, il ne lâchait pas le bouton-poussoir, dont il connaissait parfaitement la sensibilité. Il l'avait lui-même réglé. Il savait jusqu'où il pouvait l'enfoncer, là où il fallait s'arrêter. Pour le moment, il se contentait de le caresser, sans exercer aucune pression sur lui. Sa paume était moite. Il transpirait. Son front était ruisselant.

Un bref mouvement de foule poussa la femme blonde plus encore contre lui. Elle le regarda et s'excusa en souriant. Il lui sourit. Elle avait les lèvres peintes, un piercing dans sa narine gauche, les yeux fatigués et un peu idiots. Il se dégageait d'elle quelque chose de puissamment érotique. Il sentait son corps chaud contre le sien. Et toujours cette odeur de sueur, aigre, envoûtante, tenace. Il se dit que s'il appuyait sur le bouton, il serait tranché net en deux, et elle aussi, comme s'ils ne composaient à eux deux qu'un seul corps, avant d'être pareillement réduits à rien, débris de chair, de graisse, de peau, de viscères et de cheveux. Elle profiterait autant que lui de la première onde de la bombe, qui les pulvériserait, les mêlerait, les brasserait, les lancerait dans les airs dans une remarquable et intense gerbe mortelle, une union instantanée, ultime et prodigieuse.

À chaque fois que le feu d'artifice dans le ciel faisait éclater une de ses fusées, il lui semblait se rapprocher de son but et sa main se refermait sur le bouton-poussoir, accentuant sa pression, mais dans une progression d'une infinie lenteur qui décuplait son vertige.

Il eut soudain l'impression que la femme blonde se frottait à lui, qu'il sentait désormais, en plus de son sein lourd et élastique, sa cuisse, le haut de sa cuisse qu'elle plaquait contre la sienne, sans que cela ne puisse être expliqué par un mouvement de la foule. Il fit un léger mouvement de côté, qui le rapprochait d'elle plus encore, et qui faisait surtout qu'il s'emboîtait légèrement en elle.

Il la regarda. Elle le regarda, lui sourit de nouveau. Elle bougea un peu. Il crut qu'elle se dégageait, mais elle ne faisait qu'écarter davantage les jambes. Il y glissa la sienne. Il sentit sur le haut de sa cuisse le renflement de son bas-ventre, et le mont courbé de son pubis. Il aventura vers lui sa main droite, la plaqua contre la jupe, la remonta. La femme blonde l'aida. Leurs voisins étaient tellement pressés les uns contre les autres qu'on ne pouvait s'apercevoir de leur jeu. Elle ne portait aucun sous-vêtement. Bientôt ses doigts fouillèrent la fente trempée et brûlante de la femme blonde. Elle le laissait faire, regardait en l'air, mordillait ses lèvres. Les détonations dans le ciel redoublaient d'intensité. Les milliers de visages s'éclairaient à mesure des explosions dans une surexposition qui les rendait blafards, changeant ce qui n'était que sourires en des grimaces tragiques.

Il caressait la femme blonde qui se tordait lentement, la fouillait de ses doigts, recueillait son humidité, tandis que dans son autre main, il maintenait le bouton-poussoir, accentuant la pression, progressant vers le point de non-retour.

Soudain, il y eut le silence. On aurait pu croire que le feu d'artifice était terminé. Même la musique s'était tue. Cela dura. Trois ou quatre secondes, puis on entendit les cuivres et les battements de tambour, et au creux des notes, une fulgurance que la foule comprit. On venait de lancer la dernière fusée, celle du bouquet final, de l'embrasement dernier.

Il ferma les yeux. Il perçut le feulement de la fusée qui montait, montait, plus haut que toutes celles qui l'avaient précédée. Il appuya un peu plus le bouton. Il savait qu'il ne pouvait le faire plus. Il s'approchait du bord du précipice. De son autre main, il caressait la femme blonde, devenue brûlante et liquide.

La ceinture le brûlait. Il avait soif. Il était en nage. Comme dans un montage constitué de milliers d'images se télescopant les unes les autres, tandis que la fusée faisait toujours entendre son sifflement, il vit le ravage de l'explosion, les débris de corps projetés à des dizaines de mètres à la ronde, le groupe d'adolescents catholiques gargouillant dans leur sang, les deux sœurs scandinaves décapitées, le couple de retraités hachés comme une viande à saucisse, la femme blonde dont on ne trouverait plus que le sexe avec deux doigts étrangers glissés en lui, la tête de son mari posée à même le sol, cinquante mètres plus loin, fumant encore sa cigarette électronique, ses enfants dissous, émiettés, mêlés à quantité d'autres vies mortes. Une pression encore, une simple pression, et tout cela serait réel.

Quand la fusée éclata enfin, il sentit que la femme blonde se convulsait sous ses caresses et ne prenait même pas la peine de faire taire les gémissements de son orgasme. Le ciel fut inondé de fleurs violettes aux cœurs orange, de pétales platine, d'écheveaux électriques, de fulgurances jaunes et bleues, et enfin une pluie d'or, qui parut ne jamais vouloir s'arrêter, chuta sur la foule.

Puis le silence de nouveau. Et la nuit.

Il fit glisser en tremblant le bouton-poussoir dans la manche de sa chemise, retira ses doigts du sexe de la femme blonde. Des milliers d'applaudissements montèrent de la place. Une vaste rumeur. Il enclencha la sécurité du détonateur. La foule commençait à se désagréger. Le curé comptait sa troupe. Les deux Scandinaves avaient disparu. Le vieux retraité donnait le bras à sa femme. Ils s'éloignaient en marchant comme des canards arthritiques. Il se tourna sur sa gauche. La femme blonde tenait la main de sa fille. Le mari la précédait avec les deux autres enfants. Elle le regarda et lui sourit. Il la regarda avec stupeur. Il se sentait mouillé. Son pantalon. Il avait joui et éjaculé sans même s'en rendre compte. À quel moment ? Il était incapable de s'en souvenir. Il ne gardait en mémoire que la sensation du bouton-poussoir dans sa main gauche, et aussi la brûlure trempée du sexe de la femme blonde autour de son majeur et de son index.

Il quitta la place. Les gens chantaient. S'embrassaient, envahissaient les terrasses des cafés. Achetaient des glaces. Ils ne savaient pas qu'un grand nombre d'entre eux avaient failli mourir au cours de cette soirée d'été. Ils ne sauraient jamais que la fête aurait pu se transformer en carnage. Lui seul savait. Jamais personne ne le remercierait de n'avoir pas appuyé sur le bouton.

Il abandonna la ceinture dans une poubelle du parc près duquel il avait garé sa voiture. Il s'assit derrière le volant, porta sa main droite à ses narines. Il ferma les yeux. Il respira l'odeur de la femme blonde. Pain brûlé. Varech. Cuir. Feuilles mortes. Il sentait son slip poisseux coller à ses poils. Ce n'était pas désagréable.

Il ne mit pas immédiatement le contact. Il n'était pas pressé. Personne ne l'attendait. Il somnola.

Dix minutes plus tard, il se décida enfin.
Il sortit du parking, à faible allure.
Il rentra chez lui.
C'est-à-dire près de chez vous.

Table des matières

Dans la même collection

Leïla Slimani, *Le diable est dans les détails*
Macron par Macron
Michel Onfray, *La parole au peuple*
Tahar Ben Jelloun, *Un pays sur les nerfs*
Nancy Huston, *Naissance d'une jungle*
Leïla Slimani, *Simone Veil, mon héroïne*, illustrations de Pascal Lemaître
Edgar Morin, *Où est passé le peuple de gauche ?*
Irène Frain, *Il me fallait de l'aventure*
Leïla Slimani, *Comment j'écris*
Erik Orsenna, *Les vérités fragiles*
Philip Roth, l'œil de l'Amérique
Nicolas Hulot, *Ne plus me mentir*
Karl Marx, regards croisés
Simone de Beauvoir, les clefs de la liberté
Robert Solé, *L'envers des mots*
Dany Laferrière, *Vers d'autres rives*
Louis Chevaillier, *La voix du poète. Une anthologie pour comprendre l'actualité*, illustrations de Pascal Lemaître

Romain Gary, le visionnaire
Régis Debray, *Notre ADN culturel*
De Gaulle, cinquante ans après
Daniel Cohen, *Contre la solitude sociale*
Éric Fottorino, *La presse est un combat de rue*

La Clairière des LIVRES

Pour chaque titre d'un livre imprimé, un arbre est planté dans une forêt de 15 hectares en Centre Bretagne.

www.typolibris.fr (by Printcorp)

Pour limiter l'empreinte environnementale de leurs livres, les éditions de l'Aube font le choix de papiers issus de forêts durablement gérées et de sources contrôlées.

Achevé d'imprimer en septembre 2020
sur les presses de l'imprimerie Printcorp
pour le compte des éditions de l'Aube
331, rue Amédée-Giniès, F-84240 La Tour d'Aigues

Numéro d'édition : 3907
Dépôt légal : octobre 2020
Numéro d'impression : 20080245

Imprimé en Europe